LA PENSÉE ÉDUCATIVE CONTEMPORAINE

PAR

JACQUES   ULMANN

Professeur à l'Université de Paris I

Seconde édition mise à jour

PARIS
LIBRAIRIE PHILOSOPHIQUE J. VRIN
6, PLACE DE LA SORBONNE, Vᵉ

—

1982

La présente édition est la reprise, complétée, de l'édition parue aux Presses Universitaires de France en 1976. Nous adressons nos remerciements à l'Editeur original qui a autorisé la présente reprise, et à tous les Editeurs qui ont permis de citer les textes des auteurs contemporains.

© Librairie philosophique J. VRIN, 1982
ISBN 2-7116-0807-7

Sommaire

PRÉFACE A LA SECONDE ÉDITION

J'avais regretté de ne pouvoir laisser s'exprimer, dans la 1ère édition de cet ouvrage, quelques tendances pédagogiques très actives. Le dynamisme même qui les emportait ne permettait pas de bien les situer.

Cette seconde édition leur fait une place méritée — sans pour autant, bien entendu, vouloir laisser entendre qu'elles sont désormais taries ou définitivement fixées.

Introduction

L'éducation[1] consiste en une action exercée par un être humain sur un autre être humain — le plus souvent par un adulte sur un enfant — pour permettre à « l'éduqué » d'acquérir certains traits culturels (savoirs, ou manières d'agir tant techniques que morales) que les usages, le sentiment ou une conviction raisonnée font considérer comme souhaitables.

Il est inutile de compléter cette définition, comme on le fait trop souvent, en ajoutant que l'éducation se propose soit de « réaliser » l'individu, soit de le socialiser. Surdéterminée par de telles caractérisations, contradictoires ou non, la notion d'éducation serait altérée. Ses véritables implications permettent au contraire de la mieux comprendre et de dégager les problèmes qu'elle conduit à poser.

L'éducation déborde le cadre biologique. Les animaux nourrissent leurs petits, leur enseignent, en certains cas, à perfectionner les gestes de l'espèce. Il s'agit là de comportements qu'on tiendra pour « naturels », même si l'on est

---

1. *Educatio* de *educare* (nourrir, élever). Le mot éducation apparaît en 1527 ; on disait auparavant *institution*. Il connaîtra des significations diverses. L'analyse ici proposée s'attache au sens actuel du mot.

convaincu de l'ambiguïté du mot. *En revanche la nature ne pousse pas les hommes à apprendre aux enfants à lire, ni à les entasser dans des écoles. L'éducation, même si on veut qu'elle subisse à ses débuts une incitation de la nature, est, dans ses motivations et ses modalités, pratique culturelle, donc chose humaine. Les soins que l'instinct porte les animaux à prendre de leur progéniture, les gestes qu'il leur inspire ne justifient pas l'idée d'une éducation animale.*

Educateur et éduqué sont êtres de même espèce. Ils ne se distinguent l'un de l'autre que par des savoirs ou des capacités liés le plus souvent à une différence d'âge. C'est pourquoi il ne faut pas confondre l'éducation avec le dressage. Par le dressage un être d'une certaine espèce — un homme la plupart du temps, mais pas toujours (qu'on pense aux fourmis esclavagistes), impose à un être d'une autre espèce des manières d'agir auxquelles celui-ci ne serait pas porté par atavisme ou par l'action de ses congénères. Il n'est pas illicite de parler de dressage, s'agissant de certaines méthodes éducatives ou des brutalités par lesquelles tel régime politique s'impose aux corps et aux âmes. Mais à condition de s'entendre. Le pédagogue cruel, l'esclavagiste, certains dirigeants en usent à l'égard des enfants ou des hommes comme si s'introduisait entre l'éducateur et l'éduqué, le maître et l'esclave, le détenteur de l'autorité et ceux qui lui sont soumis une véritable différence d'essence. Les uns emploient à l'égard des autres des méthodes que le dresseur utilise, ou est censé utiliser, à l'égard des bêtes. La pire des éducations n'est jamais dressage, si ce n'est par analogie. Et la douceur de certains dressages ne les transforme jamais en éducation. Pour confondre dressage et éducation, il faudrait qu'aucune distance ne s'établisse plus entre les animaux et les hommes.

L'éducation n'est pas seulement réalité culturelle. Elle est amenée à effectuer un choix parmi les réalités culturelles. Des connaissances, des pratiques feront l'objet d'un enseignement. Pourquoi ces connaissances, pourquoi ces pratiques ? Parce qu'elles siéent à l'être, adolescent ou adulte, que l'éducation s'efforce de conduire. Pourquoi lui siéent-elles ? Toute éducation s'inspire, en fin de compte, d'un idéal. Et cet idéal est le corrélat d'un certain nombre de jugements de valeur. Point d'éducation qui ne soit d'essence axiologique et ainsi conduite à participer à la diversité des facteurs (philosophiques, politiques, économiques...) qui accompagnent, et peut-être engendrent, toute valeur quelle qu'elle soit.

B / DÉFINITION DE L'ÉDUCATION ET THÉORIES ÉDUCATIVES

Une définition de l'éducation étant donnée, il semble qu'immédiatement viennent graviter autour d'elle les problèmes qu'elle suscite. L'éducation suppose un monde culturel dont elle est à la fois cause et effet : quels rapports soutient-elle dans ces conditions avec la nature ? L'éducation s'adresse à des enfants : que sont les enfants et comment les traiter ? L'éducation se réfère à des valeurs : comment déterminer ces valeurs ? Il ne serait donc pas illégitime de regrouper les théories éducatives en les tenant pour autant de réponses à des interrogations amples et déterminées. Dans la réalité les choses ne sont pas si simples.

Les problèmes que pose l'éducation ne sont pas sans incidences les uns à l'égard des autres ; et les solutions qu'on leur trouve connaissent interférences et interdépendances. Ainsi un idéal éducatif traduit une conception des valeurs. Mais il exprime encore une attitude à l'égard de l'enfance qui sera tenue selon les cas pour un âge rebelle aux valeurs ou pour la source de ces valeurs ; il définit aussi une prise de position à l'égard de la nature.

En outre les réflexions sur l'éducation procèdent rarement d'une définition de l'éducation. Elles sont généralement commandées par des considérations diverses, le plus souvent philosophiques, à l'intérieur desquelles elles se trouvent prises[1]. La définition de l'éducation est mal distinguable de

---

1. Marquer combien étroit est le lien de l'éducation et des préoccupations philosophiques ne signifie évidemment pas qu'il faille rattacher l'éducation uniquement à une philosophie elle-même insularisée, oublier l'action qu'exercent sur l'une et sur l'autre des facteurs

l'ensemble dont elle est solidaire et qu'elle ne précède pas. Il en est d'elle comme de ces définitions physiques dont on sait qu'elles sont constituées à partir de théories et qui sont elles-mêmes de véritables théories.

Un historique des attitudes pédagogiques ne consiste donc pas à suivre l'évolution des problèmes, ou des théories ou des définitions. Il s'efforce de préciser un certain nombre d'attitudes foncières qui sont autant de définitions de l'éducation mais aussi de spécifications des problèmes éducatifs et de solutions à ces problèmes.

1 / L'éducation hellénique :
l'éducation consiste à aider un enfant
à devenir un homme
qui accomplit son essence ou,
ce qui revient au même,
tient dans le Cosmos
la fonction qu'il lui appartient d'exercer

L'éducation, en Grèce, n'est évidemment pas née de la philosophie. Aucune société ne peut éviter de conformer les « jeunes couches » à la manière de vivre de leurs aînés. L'éducation les introduit à la société des adultes. Elle sera donc impliquée tant par une critique de cette société que par les bouleversements sociaux. Tous ceux, philosophes et non-philosophes, qui prétendront à des transformations politiques, les doubleront de profondes modifications éducatives.

Les théoriciens grecs s'accordent sur un certain nombre de présupposés, ou plutôt d'axiomes. — L'excellence (arétè) des hommes est dans l'accomplissement de certaines fonctions pour lesquelles ils sont véritablement faits, qu'il appartient donc à leur être profond, à leur essence, d'exercer. — Ces fonctions sont diversifiées, selon qu'il s'agit d'hommes libres ou d'esclaves, elles le sont également selon les catégories

économiques, historiques... Mais la portée d'une telle influence n'a pas à être précisée à titre liminaire puisque les diverses doctrines exposées plus loin peuvent être aussi considérées comme des tentatives pour la déterminer.

*d'hommes libres : ce sont là évidences pour une société inéga-
litaire et esclavagiste. — L'éducation*[1] *a pour rôle de mener
les jeunes gens libres à l'exercice de l'activité qui constitue
pour eux l'excellence la plus haute. Dans les faits les éducateurs s'adresseront surtout à ceux des jeunes gens en lesquels
ils verront l'élite.*

*Comment déterminer l'*arètè *humaine ? A partir d'une
connaissance de l'homme, évidemment. Mais Socrate, le
premier, s'avisera que la connaissance de l'homme, dont
toutes les autres sont dépendantes, exige qu'il soit référé
à d'autres réalités. L'homme n'est pas isolable de la société.
Hommes et sociétés ne sont pas isolables du Cosmos. Le
Cosmos est l'ensemble ordonné du Monde. Parce qu'une
finalité l'a agencé, chaque être a une fonction dans l'accomplissement de laquelle il trouve son excellence propre.*

*Le bien auquel chaque homme doit se conformer, être
amené par l'éducation, n'est connaissable que par celui qui
saura comprendre le Cosmos dans sa genèse, donc remonter
aux formes les plus hautes de la finalité qui l'engendre. Cela
signifie qu'une métaphysique et une théorie du Bien sont
requises pour comprendre l'ordonnance du Cosmos et le
rôle que l'homme est appelé à y jouer.*

*Les grandes philosophies grecques — platonisme, aristo-
télisme, stoïcisme — illustrent cette conception de l'éducation.
Elles suspendent le monde à un principe premier en lequel
être et valeur se confondent. On comprend qu'il ne soit pas
pour elles de vie ni d'éducation plus hautes que celle qui
conduit les Sages à une connaissance métaphysique et à la
vie de contemplation. Quant à ceux que leur extraction ou
leurs moyens vouent à moins de prétention, leur vie ne
laissera pas non plus d'être réglée par l'ordre souverain des
choses. Epicure peut bien former l'image d'un monde vide
de finalité, décrire le pénible enfantement de l'humanité, il
ne saurait qu'inviter les hommes à se soumettre à la loi de*

---

1. L'éducation grecque est généralement désignée aujourd'hui
par le mot *Paideia* : nom dont les Grecs usaient et qui retient sa
spécificité.

nature qui fait d'eux des êtres de désir et de mort et, par l'éducation, les préparer à prendre conscience de leur sort, à l'assumer au mieux.

Il ne manque pas d'éducateurs grecs pour refuser d'associer l'éducation à la métaphysique. Ils sont parmi les plus grands. Ce sont eux, en tout cas, qui exerceront dans la suite des siècles, l'influence la plus profonde. Ils croient, comme les Sophistes, la métaphysique impossible. Ou encore, comme Isocrate, voient en elle une gymnastique intellectuelle. Tous sont d'accord, toutefois, avec les éducateurs métaphysiciens pour considérer que les hommes ont une fonction et que l'éducation n'a d'autre office que de conduire la jeunesse à l'accomplissement de cette fonction. Il ne leur reste, dans ces conditions, qu'à rechercher dans l'immanence la fonction humaine. Une subtile critique des prétentions de l'homme à la vérité conduira Sceptiques et Pyrrhoniens à ne voir en lui qu'un être voué par sa nature à prolonger la nature dans la convention : le monde des techniques remplace le monde des instincts ; les rapports sociaux masquent les rapports de force, seuls réels. Les Sophistes s'efforcent, moyennant finances, de préparer à la possession des techniques, et d'abord à celle du pouvoir politique. Isocrate voit en l'homme essentiellement un être de Logos, qui parle et pense. Ces caractères, que les animaux ne présentent pas, sont à développer. En Cicéron et Quintilien ce point de vue isocratique confluera avec un stoïcisme un peu évasif qui offrira la possibilité de définir l'éducation comme la culture du Logos.

Que le mode de détermination de l'arétè humaine soit ou non métaphysique, il reste que la détermination des finalités éducatives suit en principe, chez les Grecs, un schéma unique. Il en va de même de l'attitude adoptée à l'égard de l'enfance. Les éducateurs grecs se sont plutôt intéressés à l'adolescence parce que le jeune homme appelle, plus que l'enfant, cet amour dont l'éducation s'accompagne souvent en Grèce. Mais, s'il l'appelle, c'est aussi qu'en l'adolescence la raison est présente. L'enfant est d'un tout autre ordre. Les médecins disent, avec Hippocrate, que les humeurs ne sont pas équilibrées en lui, le mélange (la « crase ») est mal fait : la chaleur prédomine, favorisant l'excès. Philosophes et éducateurs dénoncent la domination des âmes végétative et irascible. L'enfance joue, son domaine n'est pas celui de la raison ; elle vit en dehors du vrai. Les Grecs sont sensibles à la grâce de l'enfance ; elle les touche. Mais ils pensent que l'éducation a pour tâche de la préparer à l'usage de la raison. Quoiqu'ils n'hésitent pas à user de violence, leur attitude à l'égard des enfants n'est pas essentiellement celle de la violence. Platon utilise les jeux des enfants pour agir sur eux et dès que, comme chez le petit esclave du Ménon, *il voit poindre en eux les premières réminiscences de la raison, c'est à elle qu'il s'adresse.*

2 / De l'Antiquité à l'humanisme

Le Christianisme a bouleversé théorie et pratique éducatives de l'Antiquité. Un Dieu personnel et créateur se substitue à la nécessité de l'intelligible. Les fins de l'éducation ne peuvent donc plus être cherchées qu'en lui ; ou plutôt c'est lui qui les révèle. Le monde est privé de la finalité qui illuminait le Cosmos ; quoique créé par Dieu, il fait courir à l'homme le risque de le détourner de Dieu. L'homme ne peut davantage trouver en lui-même ni dans la société de quoi orienter sa conduite : la perversion les domine tous deux. Le pourrait-il, d'ailleurs, que la liberté lui manque, quelque souci que certains théologiens aient eu de la lui réserver. La prescience divine prend pour l'homme la signification d'un destin.

L'Eglise a été, en Occident, pendant des siècles, la grande, la seule enseignante. Ses établissements, ses méthodes ont marqué, de façon persistante et pour longtemps, l'éducation. Il ne faudrait toutefois pas confondre avec son orientation éducative essentielle les institutions, pour beaucoup relativement tardives, que l'action de causes, généralement profanes, rendit nécessaires. L'éducation chrétienne a pour vocation de préparer au salut dans le respect et l'accomplissement de la Parole. Le monde, la société ne laissent certes pas l'Eglise indifférente. Mais elle professe qu'ils ne méritent pas de retenir, mais seulement de fournir l'occasion de devoirs d'état, nécessaires puisque aussi bien l'homme est corps et que la vie profane l'enchaîne aux autres. Ils ne doivent pas intercepter la pure lumière à laquelle, sans l'éducation, les yeux ne s'ouvriraient pas.

L'humanisme naît d'une révolte contre le théocentrisme du Moyen Age. Non qu'il soit essentiellement antichrétien. Nombre d'humanistes pensent, avec le christianisme, que Dieu est inconnaissable, croient en la Révélation. Mais, selon eux, le christianisme n'exige pas que l'apport de l'Antiquité soit rejeté pour cette raison qu'elle n'a pas connu le vrai Dieu, ni qu'un discrédit foncier soit attaché à la nature humaine. L'éducation aura donc pour tâche d'aider l'homme à accomplir une nature qui, après tout, lui a été donnée par Dieu.

On pourrait considérer cette attitude comme un retour à l'Antiquité. Ne conduit-elle pas à rechercher l'arétè humaine, à lui subordonner l'éducation ? Une telle interprétation oublierait quelles différences séparent l'Antiquité des siècles de la Renaissance. Le Cosmos est maintenant soumis à un ordre qu'on peut déduire selon l'intelligibilité. L'homme de la Renaissance n'apprend pas d'un Dieu caché la conduite qu'il lui appartient de tenir en ce monde. Et il ne l'apprend pas davantage de la connaissance du monde : Anciens et Chrétiens se sont mépris sur le monde. Il n'est pas ensemble ordonné à partir duquel la vie humaine prend un sens ni, davantage, pesanteur et souillure profanes. L'homme le modèlera en fonction de lui-même.

Mais comment cet homme se découvrira-t-il ? A partir de lui-même, en se prenant tel qu'il est[1]. Etre de nature, être de raison, être de société : tels sont les traits humains. Les humanistes ne divergent et ne s'opposent que lorsque la recherche d'une règle de vie les oblige à reconnaître à l'un de ces traits une préséance sur les deux autres. Pour les uns, comme Montaigne, la nature a le pas sur la raison et la

---

1. Isocrate ne faisait pas autrement. Les humanistes reconnaissent s'être inspirés de lui pour poser le problème éducatif et donner au verbe humain une importance qu'il gardera longtemps en Occident.

société. Pour d'autres la vie sociale, qu'ils confondent le plus souvent avec celle de la cour (Castiglione) ou de la gentry (Locke), fournit à la nature et à la raison leur accomplissement. D'autres enfin, parmi lesquels il n'est pas illégitime de placer Descartes, confèrent à la raison, à laquelle l'homme ne peut pas douter qu'il ne s'identifie, la plus haute des valeurs.

L'humanisme appelle un renouvellement des conceptions éducatives. D'où leur foisonnement aux quinzième et seizième siècles. Il est des points sur lesquels elles s'entendent. L'éducation a pour tâche de conduire l'homme, dans son intégralité, à un complet épanouissement. Il sied de développer le corps au même titre que l'âme. Accord un peu formel, non exclusif de contestations lorsqu'il faut préciser et la nature de l'homme et ce qu'en est l'épanouissement. Quelles sont les places respectives de la raison, de la nature, de la société ? Le développement de la raison est-il ou non synonyme d'accroissement des connaissances ? De telles questions, d'autres aussi, peuvent bien opposer les thèses, il reste que l'humanisme est un effort pour ajuster le monde à l'homme ; il définit une sagesse qui n'est plus soumission à l'ordre du monde. L'éducation se retourne vers l'homme : elle acquiert la charge d'en cultiver les différentes facultés. Simultanément elle cesse de plus en plus de se confondre avec la violence exercée sur un être coupable de déraison. L'enfance se transforme en bourgeons, en promesses. L'éducation consiste alors à aider un enfant à accomplir en lui l'humanité.

3 / Renouvellement des problèmes éducatifs

L'humanisme marque la fin d'un monde tout constitué, dans lequel la sagesse est de s'insérer. Avec lui le Cosmos des Anciens ne perd pas seulement sa finalité, que le Christianisme avait déjà minée. L'histoire acquiert un visage nouveau. Un monde fini ne peut donner lieu qu'à des réalités en nombre fini. A présent le changement emporte les sociétés et les hommes.

Les sociétés se transforment ; l'histoire cesse d'être le récit d'événements soumis à renouvellement. Bien mieux, on s'avisera vite que l'histoire décrit une trajectoire ; on la prolongera ; on parlera à son propos de « civilisation ». Si les sociétés sont plongées dans l'histoire, comment en irait-il autrement de l'homme ? Dès la Renaissance une coupure historique et anthropologique s'introduit dans la vie des hommes. Les sociétés, pense-t-on, ont été précédées d'un « état de nature » qui, pour beaucoup, ne se réduit pas à une fiction juridique. En cette phase initiale de l'humanité, les hommes vivent isolément. A un certain moment seulement, pour des raisons que tous ne se représentent pas de même façon, les hommes passeront entre eux un contrat et créeront la société, se « civiliseront ». Dès lors les transformations sociales ne manqueront pas de les affecter. Si l'on tient la civilisation pour un progrès, les hommes progresseront dans la mesure où la civilisation les modifiera dans leur vie et leur être.

Les problèmes éducatifs vont subir un bouleversement profond. Eduquer consistait, jusqu'alors, à conduire l'être humain de sa nature concrète à sa nature idéale, opération qui, après tout, ne l'arrachait pas à sa nature, mais se proposait seulement de rendre celle-ci conforme à sa vérité. Dans le cadre de telles préoccupations, tenue ou non pour naturelle la société n'affectait pas la nature des hommes qui la constituent. A son tour elle n'était pas affectée par le déroulement de l'histoire : la société idéale pouvait s'accomplir n'importe quand et, détruite, se refaire. Pour le christianisme, chaque instant peut être celui de la fin du monde et du jugement de Dieu.

A présent l'éducation n'ignore plus qu'elle a à choisir non plus entre deux formes de la nature mais entre la nature et une civilisation qui lui est à bien des égards antinomique. La civilisation perturbe et entrave la détermination, la poursuite, l'atteinte des finalités naturelles. Le problème qui s'impose en premier lieu à l'éducation est de décider si la civilisation doit l'emporter sur la nature. On constatera que, de nos jours, les théories éducatives n'échappent pas à la même option.

4 / L'éducation conduit à la civilisation et à la culture

Nombreux ceux qui pensent, à partir du dix-huitième siècle, que les groupements humains se transforment dans leurs différents aspects, qu'ils gagnent en perfection et entraînent dans leur progrès les individus.

On sera frappé par la diversité des façons de concevoir le progrès de l'humanité dans son origine et dans son terme, pour ne pas parler de son histoire.

Le principe en est placé par les philosophies des Lumières dans la connaissance humaine, dont, selon qu'elles se réclament du rationalisme ou de l'empirisme, elles favorisent des explications antinomiques. Certaines trouvent leur limite dans une théorie de la connaissance. D'autres éprouvent l'exigence de situer la connaissance, et l'homme auquel elle renvoie, dans une perspective beaucoup plus ample : elles inscrivent les choses humaines dans les transformations d'un monde animé ou produit par des forces mécaniques ; ou encore elles rattachent la destinée de l'homme à un projet divin, voire à l'autoréalisation du principe métaphysique.

Cette pluralité de causes ne peut évidemment engendrer que des fins très différentes. Pour les uns, les plus nombreux, l'humanité s'efforce vers le bonheur ; pour d'autres, elle aspire à la perfection morale, au savoir absolu.

Cependant les ressemblances foncières des doctrines du Progrès sont, au moins pour une théorie de l'éducation, bien plus significatives que leurs différences. Les origines et les fins qu'elles assignent à la civilisation présentent un trait commun, si diverses soient-elles. Elles subordonnent l'histoire des hommes à une finalité profonde. Là est l'essentiel. La nécessité qu'on peut lire dans l'histoire humaine n'est pas un déterminisme. Elle est la forme que prend la poursuite d'une fin quand on n'en retient que les contraintes qu'elle doit surmonter et l'ordre dans lequel elle les surmonte. A Auguste Comte lui-même il apparaîtra que le développement de la nature humaine, dont il a tellement marqué l'évolution nécessaire, trouve sa raison dans la finalité de la « synthèse subjective ».

La civilisation offre encore, aux auteurs dont nous parlons, un autre point commun que la finalité : elle constitue un abandon de la nature des origines. Les sociétés ont délaissé l'état de nature. La nature de l'homme s'est transformée. Qu'elle ait cédé sa place à une autre ou qu'elle ait libéré des traits qui n'étaient, sous forme fruste et inachevée, que virtuels, elle ne commande plus le comportement du civilisé.

Le sort de l'éducation va se trouver transformé. Sans l'aptitude humaine à éduquer et à être éduqué, la civilisation n'aurait pas de sens. Cause et effet, agent indispensable d'un progrès qui ne s'accomplirait pas sans elle, l'éducation cesse d'apparaître dans la vie des sociétés, dans celle des hommes, comme contingence ou luxe. Ce n'est pas tout. La théorie de l'éducation va échapper aux deux difficultés majeures qu'elle a toujours rencontrées, qu'elle rencontre même aujourd'hui. L'éducation peut en effet se voir contestée sur les plans axiologique et psychologique ; on tient pour subjectives les valeurs qu'elle entend servir ; on lui dénie le pouvoir de transformer les hommes. De telles objections deviennent caduques. Les finalités éducatives se confondent avec celles dont la civilisation atteste à quel point elles sont réelles et agissantes. Quant à l'efficacité éducative, comment la mettre en doute ? L'éducation évince sous nos yeux la nature première, la rectifie ou la développe, permet en tout cas à un homme nouveau de remplacer celui des origines.

5 | Rousseau et sa contradictoire postérité

C'est à travers la fausse évidence des lieux communs que se mesure, bien souvent, l'originalité de la pensée éducative de Rousseau. Rousseau, dit-on, s'est opposé aux Lumières : il en montre la malfaisance dans l'histoire, il en préserve l'éducation d'Emile. Il a, le premier, distingué soigneusement l'enfant de l'adulte, recensé les périodes qui jalonnent ou découpent l'enfance et voulu que l'éducation s'y ajuste. — Ce n'est pas sûr. Affirmer l'originalité de l'enfance était loin, au dix-huitième siècle, de constituer une innovation.

Et les éducateurs ne manquaient pas, qui, comme Fénelon, se préoccupaient d'examiner « de plus près l'état des enfants pour voir en détail ce qui leur convient », proclamaient qu' « il faut se contenter de suivre et d'aider la nature », cherchaient à pallier « un grand défaut des éducations ordinaires » en rendant « l'étude agréable ». Il serait, d'autre part, trop simple d'opposer à tous égards Rousseau aux théoriciens des Lumières. La pensée de Rousseau exige qu'on la nuance. Et on n'y parviendra qu'à la condition de remonter à une conception de la nature comme à son point de départ.

Ce principe recteur qu'est la nature a toujours été référé aux changements ordonnés, à ceux principalement auxquels sont soumis les êtres vivants et qui traduisent, semble-t-il, un dessein. Il présente dès lors, pour ceux tout au moins qui, comme Rousseau, le réalisent, une double et inséparable polarité. — La nature se définit d'abord en fonction de ces changements : elle est la cause efficiente qui en rend raison, qui provoque, par exemple, chez les vivants, la succession inévitablement renouvelée de la naissance, de la maturation, de la décrépitude, de la mort. Mais elle se confond aussi avec la finalité en fonction de laquelle s'effectuent les opérations naturelles. Qu'elle soit considérée comme cause ultime ou qu'elle reçoive, comme le pense Rousseau, délégation de l'Etre suprême, son action est la manifestation de fins qu'elle porte en elle. « Sous le nom de nature », dit Bossuet, « nous entendons une sagesse profonde qui développe avec ordre et selon de justes règles tous les mouvements que nous voyons. »

Du premier point de vue, lorsqu'il s'est agi de rendre compte de la capacité de changement qui anime les êtres qu'elle guide, on a pu appliquer à la nature une causalité de type aristotélicien, y lire la présence du Logos ou l'infléchir vers le mécanisme. Rousseau, le premier sans doute, a insisté sur ce qu'il y a d'aléas dans le développement des êtres de la nature, et notamment des hommes. Leurs traits ne dépendent pas seulement de l'inné ; ils ne sont pas intégralement préformés. Ils se déterminent en fonction de ce qui leur est extérieur, de leur environnement. L'évolution de *l'humanité a été provoquée par des cataclysmes. Le hasard d'un événement, la constance d'un milieu ont, pour les traits présents et à venir de l'enfant, la même importance que ce qui naît avec lui. Conception de la genèse éminemment moderne et qui fait de Rousseau un précurseur.*

Cette sorte de permanence indécise des causalités de la nature se retrouve d'une certaine manière lorsqu'il est question de sa finalité. La nature est le guide suprême que Dieu, pour leur bien, a donné aux vivants. Il appartient aux hommes de vivre selon ces volontés de Dieu, qu'on perçoit si aisément dans le comportement d'une nature à laquelle son milieu n'a pas encore imposé d'altérations, qu'elle soit celle d'hommes lointains dans le temps, ou celle de l'enfant, ou encore celle d'un cœur qui a échappé à la perversion de la société humaine. La nature veut, pour les hommes, un accord parfait avec le monde ; avec les autres hommes ; avec eux-mêmes. Ce qui revient à dire qu'elle les crée pour la liberté et le bonheur, qui sont inséparables : l'équilibre des désirs et des pouvoirs, l'accord des hommes entre eux, le sentiment de coïncider avec soi excluent tout à la fois l'insatisfaction et l'impression d'être contraint.

Mais le milieu naturel a changé de manière irréversible ; les hommes ont développé — conformément sans doute à la Providence divine — des facultés et des pouvoirs auxquels ils ne peuvent renoncer. C'en serait fait d'une vie naturelle, de l'obéissance à la nature, si la nature humaine ne présentait pas le pouvoir de maintenir ses finalités dernières quelles que soient les circonstances. Il n'est pas interdit de vivre naturellement, même si les conditions d'existence premières et qu'on a l'habitude d'appeler naturelles sont remplacées par d'autres. La liberté, le bonheur n'ont pas disparu avec les Lumières ; elles peuvent être transposées comme se transposent en conscience les sourdes impulsions qui constituent pour l'être fruste qu'est l'homme à ses débuts les premiers appels du bien. De là le Contrat social *; de là l'*Emile.

L'éducation va alors comporter, si on grossit quelque peu les choses, deux versants. Elle sera d'abord négative. La nature a voulu, n'a pu ne pas vouloir, l'enfance. L'enfant n'est pas pour Rousseau, comme pour la plupart de ses devanciers, un être dont l'infériorité physique, intellectuelle, morale est flagrante dès qu'on le réfère, comme il est d'usage depuis l'Antiquité, à l'adulte et à ses normes et qui serait défini par cette infériorité même. Comment présenterait-il, même en raccourci, les traits de l'adulte puisque ceux-ci sont évasifs, dépendent des circonstances, donc de l'éducation reçue et, à la limite, n'existent pas comme tels ? Traits majeurs de l'enfance, selon Rousseau : la faiblesse, marque de sa dépendance ; et aussi cette pureté en laquelle la nature affleure et s'exprime. Il n'est pas question d'accorder à un éducateur brutal l'absurde privilège de se substituer à la nature. Laisser agir la nature, c'est écarter d'elle tout obstacle qui la contraindrait.

Mais l'éducation ne peut consister dans le seul refus d'intervenir. Les « dispositions » constitutives de la nature enfantine risquent, même si leur apparition se fait à point nommé et si elles demeurent intactes, d'être orientées et, finalement, altérées par l'environnement. Aussi le précepteur d'Emile, tout en pratiquant l'éducation négative — on peut même dire : précisément parce qu'il veut la pratiquer — est-il tenu d'intervenir dans le développement de son élève par des initiatives constantes et positives.

On comprend que des lecteurs pressés, des pédagogues peu soucieux de devoir, pour saisir les théories éducatives de Rousseau, approfondir ses idées philosophiques, aient méconnu les fins équilibres de sa pensée. L'Emile a fait l'objet, dès le dix-huitième siècle, fait encore l'objet aujourd'hui d'une mauvaise lecture. Aussi se trouve-t-il que l'influence de Rousseau n'a cessé de s'exercer en deux directions différentes, voire antinomiques.

Elle invite les uns à lâcher complètement la bride à la nature de l'enfant, à le laisser être lui-même. D'autres, non moins soucieux de cette nature, pensent qu'à la connaître ils seront en mesure, comme le précepteur d'Emile, d'avoir sur leur élève des prises d'autant meilleures qu'ils le solliciteront par un appel aux traits qu'il a reçus de sa nature d'enfant et que son âge révèle.

Ainsi l'anarchisme s'inspire de Rousseau dans son refus d'entraver la liberté de l'enfant et celle de l'homme. Mais ses adversaires, qui prétendront de même façon être dans la ligne de Rousseau, se contenteront de faire droit à certains traits de la mentalité enfantine, très amples (avec Pestalozzi) ou limités : par exemple au jeu (Froebel) ou à la vie au grand air et en communautés se gouvernant elles-mêmes dans une certaine mesure (écoles anglaises de Rugby, de Lonsdale, d'Abbotsholme). L'éducation se réduit en ce cas à une douce police qui ne vise qu'à connaître l'enfance pour la mieux soumettre aux principes et aux institutions que révèlent sociétés et classes sociales.

6 / Passage au XXᵉ siècle

Le développement des sciences au dix-neuvième, voire l'apparition de sciences nouvelles, telles la sociologie et la psychologie, n'auront guère modifié les perspectives philosophiques qui, dès le dix-huitième, proposent à l'éducation un choix entre la civilisation et la nature. Le mouvement scientifique a plutôt contribué à renforcer le parti de la civilisation.

L'histoire, même lorsqu'elle n'est pas déterministe, enseigne que les choses humaines ne demeurent pas en état, et les philosophies de l'histoire assignent à l'éducation ses fins présentes et à venir.

Les sociologies de Comte et de Spencer ont manifesté, chacune à sa façon[1], l'ambition de connaître les lois qui régissent l'existence et la transformation des sociétés. Leurs divergences sont grandes. Du darwinisme, Spencer a retenu que les êtres, les institutions, les choses sont soumis à la loi de l'évolution qui, selon lui, exprime le nécessaire passage de l'homogène et de l'indifférencié à l'hétérogène et à la diversité. Comte, qui tient la notion d'évolution pour inintelligible, explique la dynamique sociale par une sorte de préformation : il en va de la société comme de l'espèce humaine, immuable en dépit des états parcourus. Les sys-

---

1. De Marx, dont l'influence a marqué le XXᵉ siècle plus que le XIXᵉ, il sera question plus loin.

tèmes éducatifs sont, s'il est possible, plus opposés encore. Un utilitarisme dur anime celui de Spencer que la loi évolutive pousse à fragmenter les intérêts particuliers. L'altruisme est le but assigné par Comte à l'éducation du genre humain. En dépit pourtant de ce qui les sépare, Comte et Spencer s'entendent sur ces deux points : l'évolution enfantine reproduit celle de l'espèce[1] ; la société humaine est vouée à décrire une trajectoire qu'il est possible d'anticiper et en laquelle les hommes trouvent leur destinée. Il est vrai que l'un et l'autre donnent de la « loi biogénétique fondamentale » des justifications très différentes, que l'état industriel, terme de l'évolution selon Spencer, ne ressemble guère à l'état positif. Peu importe. Grâce à eux des conceptions à prétention scientifique apporteront la caution de la sociologie à cette idée qui fut celle de la Philosophie des Lumières : l'éducation se propose d'aider à la constitution de la société à venir qu'appellent la nature même des sociétés et aussi celle des enfants.

Il n'est pas jusqu'à la psychologie qui ne vienne prêter la main à l'histoire, à la biologie, à la sociologie. Prétendant à la rigueur scientifique, et marquée d'intellectualisme, la psychologie de Herbart, dont on sait quelle fut l'influence pédagogique, rejoint tout naturellement la voie que suivait le rationalisme à l'époque des Lumières.

Une seule « science » se fera, contre cette tendance, véhicule de la pensée de Rousseau : la « psychopédagogie ». Elle est née d'une conjonction : le désir de se conformer à la nature de l'enfant a rencontré le souci de faire œuvre scientifique. Son objet : l'enfance dans sa pureté, dans les permanences et les changements qui, en tout âge de l'humanité, furent les siens. Si peu convergentes que soient les attitudes des « disciples » de Rousseau, encore ne laissent-ils pas de s'opposer à tous ceux qui, au nom de la science et de la philosophie, préconisent l'abandon de la nature. Ils affirment que la vocation de l'enfance ne se lit pas dans des lois sociologiques. L'enfant la porte en lui. Et l'éducation a la charge de l'accomplir.

---

1. Telle est la « loi biogénétique fondamentale », formulée pour la première fois par Haeckel.

Au début du vingtième siècle, la réflexion éducative, sollicitée par des finalités et des méthodes dont elle saisit peut-être plus la différence que la contradiction, se trouve comme bloquée. L'éducation se doit de conduire l'enfant à l'âge adulte, de lui imposer des contraintes pour préparer l'adulte qu'il sera à une vie qui aura délaissé les infirmités et la sauvagerie naturelles. Mais l'éducation se doit de connaître dans sa vérité l'être de l'enfant et d'en respecter le développement selon la nature[1].

1. La collection, dans laquelle est publié ce petit livre, m'a imposé de présenter en un nombre de pages limité des attitudes dont la plus ancienne ne doit pas être antérieure à 1900.

J'ai essayé de retenir les plus importantes. Mais comment les reconnaître ? Sa notoriété, les influences qu'elle a exercées semblent constituer une consécration objective de la valeur d'une doctrine. Mais un tel critère, quelle qu'en soit la portée, supprimerait tout jugement ; il conduirait à privilégier des attitudes de facilité, des modes, à ménager des amitiés ; il supposerait dans l'opinion commune un recul qu'elle ne saurait prendre, au moins à l'égard de réalités contemporaines. Aussi ne m'y suis-je pas tenu. J'ai exercé un choix. L'appréciation de chacun est d'ailleurs inévitable, lors même qu'on n'y verrait pas un droit ; et le caractère personnel d'un choix est tout différent d'une manifestation subjective, s'il se défend de tout préjugé et de toute complaisance.

Il serait absurde de penser trouver ici palmarès ou sélection portant sur les hommes. Il ne s'agit que d'idées. Des travaux estimables n'ont pas été retenus parce qu'ils ne font que préparer ou ébaucher une attitude qui trouvera ailleurs une forme plus achevée ; parce qu'ils suivent, sans assez l'approfondir, un sillon que d'autres ont tracé ; ou encore parce que les thèmes auxquels ils sont consacrés n'avaient pas ici leur place. Inversement j'ai fait accueil à des auteurs que leurs préoccupations ne poussent pas à une spécialisation éducative, dès lors que le point de vue, qu'ils étaient amenés à soutenir, comme en passant, sur l'éducation, m'est apparu neuf et fécond.

J'ai tenté d'établir un ordre aussi « naturel » et aussi rigoureux que je l'ai pu pour préciser les rapports de conceptions souvent très enchevêtrées. Ce souci de mettre les choses en place est tout différent de celui d'établir entre les parties, les sections, les chapitres ou les paragraphes un équilibre factice. Pour regrettable que soit l'allure un peu hachée que prennent les pages qu'on va lire, j'ai pensé que la précision mérite qu'on lui sacrifie ses aises.

Dans le très court laps de temps où s'inscrivent des vues dont nulle n'apparaît aujourd'hui démodée, aucun ordre chronologique n'aurait de sens, surtout s'il devait signifier que certaines d'entre elles sont périmées. Cependant une succession très approximative n'est pas absente, dans la première partie, de la manière dont les doctrines ont été disposées et en laquelle on aurait d'ailleurs tort de chercher la manifestation insidieuse d'une préférence.

1

Les fins
de l'éducation

LIBÉRER LA NATURE
ET EN PERMETTRE
LE DÉVELOPPEMENT

1 / « L'éducation nouvelle »

A / TROIS THÈMES GÉNÉRAUX

1 | Il y a une nature enfantine

▶ « L'enfant est qualitativement autre que l'adulte,
... non seulement il est un organisme en croissance,
tandis que l'adulte est plus ou moins stabilisé, mais
aussi... il présente certaines structures mentales, bien
différentes de celles de l'adulte. » (CLAPARÈDE[1], *L'éducation fonctionnelle*, p. 195.)

1. CLAPARÈDE, Suisse, 1873-1940.

2 | *Il faut la respecter et en assurer le développement* *Telle est l'éducation*

▶ « L'éducation doit préserver la période d'enfance. Souvent elle la raccourcit en brûlant les étapes qui devraient être respectées.

« L'éducation doit viser à développer les fonctions intellectuelles et morales, plus qu'à bourrer le crâne d'une masse de connaissances qui (lorsqu'elles ne sont pas oubliées) restent le plus souvent des connaissances mortes, séjournant dans la mémoire comme des corps étrangers, sans rapport avec la vie. » (*Ibid.*, p. 184.)

3 | « *Cette conception consiste à prendre l'enfant* *pour centre des programmes et des méthodes scolaires* » (ibid., *p. 183*)

B / QUELQUES THÉORIES PARTICULIÈRES

1 | *Premier courant : prédétermination* *du développement enfantin (Maria Montessori[1])*

— *Le développement de l'enfant est accomplissement d'un « plan psychique ». Comment milieu et éducation peuvent l'empêcher ou le favoriser*

▶ « Le développement psychique ne survient pas par hasard, il n'a pas son origine dans les stimulants du monde extérieur, il ne s'édifie pas sur place mais il est guidé par les sensibilités passagères qui président à l'acquisition des différents caractères. Bien que cela se produise au moyen de l'ambiance extérieure, celle-ci n'a pas une importance constructive ; elle offre seulement les moyens nécessaires à la vie, parallèlement à ce qui se passe dans la vie du corps qui reçoit de l'ambiance ses éléments vitaux par la nutrition et la respiration. » (*L'enfant*, p. 30.)

1. Italienne, 1870-1952.

▶ « Si l'enfant porte en lui la clef de sa propre énigme individuelle, s'il a des directives de développement et un plan psychique, il les a en puissance, extrêmement délicats dans leurs tentatives de réalisation ; alors l'intervention intempestive de l'adulte, volontaire, exalté par son pouvoir illusoire peut contrarier ces plans ou en faire dévier les réalisations occultes.

« ... Une âme emprisonnée, obscure, qui cherche à venir à la lumière, à naître, à croître, et qui va, peu à peu, animer la chair inerte, l'appelant avec le cri de la volonté, se présentant à la lumière de la conscience avec l'effort d'un être qui vient au monde. Et dans l'ambiance nouvelle un autre être est là, au pouvoir énorme, gigantesque, qui l'attend, l'empoigne et l'étrangle...

« L'enfant qui s'incarne est un embryon spirituel qui doit vivre par lui-même dans l'ambiance. Mais aussi bien que l'embryon physique a besoin d'une ambiance spéciale, qu'est le sein maternel, cet embryon spirituel a besoin, lui, d'être protégé dans une ambiance extérieure animée, réchauffée par l'amour, riche en aliments, où tout l'accueille, où rien ne l'entrave.

« Une fois qu'il a compris cette vérité, il faut que l'adulte change d'attitude envers l'enfant. La figure de l'enfant, embryon spirituel en voie d'incarnation nous impose de nouvelles responsabilités. » (*Ibid.*, pp. 22, 23.)

*2 | Deuxième courant : le développement
est adaptation d'un être à son milieu (Dewey[1])*

*a | Contre la « psychologie des facultés de l'âme » :
les intérêts*

— *Le moi constitué par des intérêts qui se rattachent à son origine organique*

▶ « La racine de l'intérêt naturel est précisément (le) caractère spontané, impulsif de l'activité organique.

1. DEWEY (Américain, 1859-1952) a inspiré bien des théories éducatives importantes, celles de Decroly et de Claparède, notamment.

« ... Une erreur qui peut avoir de graves conséquences consiste à établir un hiatus entre les impulsions et le moi. On conçoit celles-ci comme des forces travaillant le moi, se le disputant pour l'entraîner chacune de son côté et on considère le moi comme un être passif, ne se mouvant que sous leur influence. En réalité l'impulsion et le moi ne font qu'un ; ils sont unis dans leur élan, dans leur mouvement. » (*L'école et l'enfant*, p. 55.)

— *Les intérêts définis dans le cadre d'une interaction entre le sujet et son milieu*

▶ « L'intérêt s'attache toujours à un objet. L'artiste s'intéresse à ses pinceaux, à ses couleurs, à sa technique ; le commerçant au jeu de l'offre et de la demande, au mouvement des marchés. Prenez n'importe quel exemple d'intérêt, et vous trouverez que si nous en détachons le facteur objectif, l'intérêt s'évanouit et se réduit à un pur sentiment subjectif.

« Mais on commettrait une erreur en supposant que l'intérêt réside d'abord dans l'objet et que c'est lui qui fait naître l'activité du moi. Les toiles, les pinceaux, les couleurs intéressent le peintre uniquement parce que ces choses lui aident à découvrir en lui une capacité artistique déjà existante. » (*Ibid.*, pp. 55-56.)

▶ « Dire que les hommes vivent dans un certain univers signifie pratiquement qu'ils sont engagés par la vie dans une série de situations. Et quand on dit qu'ils sont engagés dans ces situations, il faut entendre DANS avec un sens différent de celui qu'on suggère si l'on dit « j'ai des sous dans ma poche » ou « de la peinture dans un bidon ». Encore une fois cela signifie qu'une interaction s'est établie entre un sujet, les objets et d'autres personnes. SITUATION et INTERACTION sont inséparables l'une de

On regrettera que les limites de ce petit ouvrage interdisent de les retenir. Quelques indications seront toutefois fournies sur la méthode de Decroly. (*Infra*, pp. 107 à 110.)

l'autre. Une expérience est ce qu'elle est à cause de la transaction qui s'établit entre un sujet et ce qui constitue à ce moment-là son environnement — que cet environnement soit fait de personnes avec lesquelles il s'entretient verbalement, étant lui-même partie dans la situation ; ou que ce soient les jouets avec lesquels il joue, le livre qu'il lit... ou les éléments d'une expérience que lui-même est en train de poursuivre. » (*Expérience et éducation*, p. 90.)

▶ « L'étymologie du mot intérêt, *inter-esse*, nous amène à cette idée que l'intérêt annihile la distance séparant une conscience des objets et des résultats de son activité ; c'est l'instrument qui opère leur union organique. » *(L'école et l'enfant*, pp. 53-54.)

— Les intérêts ne sont donc pas des réalités achevées

▶ « Le danger de la « nouvelle pédagogie » serait de traiter les intérêts et les capacités de l'enfant comme des choses significatives par elles-mêmes. En réalité ce que l'enfant sait, ce qu'il possède est fluide, mobile, essentiellement changeant.

« Il serait désastreux que la pédagogie laissât croire au public qu'à un âge donné un enfant possède un certain nombre de tendances et d'intérêts qui doivent être cultivés tels quels. Car les intérêts ne sont pas autre chose que des attitudes à l'égard d'expériences possibles ; ils n'ont rien d'achevé, de complet ; leur valeur est celle d'un levier. Si l'on prend les phénomènes qui se produisent chez l'enfant à un âge déterminé comme des activités achevées, s'expliquant par elles-mêmes, se suffisant à elles-mêmes, il en résulte inévitablement du laisser-aller et des ruines. Chaque fois que, chez l'adulte comme chez l'enfant, on considère une certaine capacité comme quelque chose de statique, d'inerte, on fausse son éducation. La vraie signification d'une capacité est dans sa fonction propulsive. Une capacité est un appel à l'activité de l'éducation. » *(L'école et l'enfant*, pp. 102-103.)

b | *L'éducation, adaptation active des intérêts au milieu*

— *Apport de la psychologie*

▶ « La science des adultes doit nous aider à voir ce dont l'enfant est capable. » (*L'école et l'enfant*, p. 106.)

▶ « Interpréter (capacités et instincts de l'enfant) c'est les considérer par rapport au mouvement vital, aux processus de croissance. Or précisément quand on voit en eux des facteurs de la croissance normale, on sait comment il faut les guider. Il ne s'agit pas d'imposer quelque chose du dehors. Il faut permettre à la croissance d'atteindre son développement le plus élevé et le plus adéquat. » (*L'école et l'enfant*, p. 104.)

▶ « Les actes plus ou moins spontanés de l'enfant ne doivent pas être envisagés comme des activités fermées auxquelles doivent se conformer les efforts de l'éducateur. Pareille pédagogie aboutirait à dégrader l'enfant. Il faut y voir, au contraire, des symptômes qui demandent à être interprétés ; ce sont des forces qui doivent stimuler nos directions ; des matériaux qui se modifieront, sans doute, mais qui constitueront, cependant, les seuls éléments capables de former une véritable conduite morale. » (*L'école et l'enfant*, p. 164.)

▶ « L'éducation, entendue comme un processus de développement et de maturation, doit se dérouler continuellement au niveau du présent. » (*Expérience et éducation*, p. 98.)

— *Insuffisance de la psychologie : les fins de l'éducation sont sociales*

▶ « L'école n'a pas d'autre fin que de servir la vie sociale. Aussi longtemps donc que nous nous bornerons à considérer l'école comme une institution isolée, nous ne saurons découvrir aucun principe moral directeur de son activité, parce que celle-ci sera sans objet et sans idéal. Il est vrai qu'on dit : l'école peut être envisagée au point de vue strictement individualiste. Elle se propose de développer harmonieusement les puissances de l'être humain. On prétend pouvoir définir d'une manière adéquate et complète le but de l'éducation en faisant abstraction de la solidarité sociale. Mais en procédant ainsi on se prive de tout critère et de tout moyen d'attribuer une valeur quelconque aux termes qu'on emploie. On ignore donc ce qu'est un pouvoir de l'être humain, on ne sait ce qu'est un développement harmonieux car un pouvoir n'existe que relativement à ce qu'il est destiné à produire, à la fonction qu'il doit servir. Il n'y a rien dans l'être humain qui, pris isolément, fournisse des fins et indique dans quel sens il faut développer une capacité. Si donc nous ne tenons pas compte de la vie sociale pour définir le but de l'éducation, nous en revenons purement et simplement à la « psychologie des facultés de l'âme » lorsqu'il nous faut expliquer ce qu'est une capacité en général et quels en sont les caractères spécifiques. Nous sommes obligés d'énumérer les diverses facultés — perception, mémoire, raisonnement, etc. — et de déclarer que chacune d'elles doit être cultivée. C'est là, on le voit, une constatation purement vide et formelle qui fait de l'éducation une gymnastique d'un genre spécial »[1] (*L'école et l'enfant*, pp. 137-138.)

---

1. La même attitude se trouve aussi justifiée par Dewey à partir d'une référence à l'expérience conçue comme critère de vérité et de valeur, selon les principes du pragmatisme. L'expérience la plus achevée, la plus haute est en effet, selon Dewey, celle qui pousse au plus haut point ces deux aspects de toute expérience : continuité et interaction (« le principe de la continuité de l'expérience signifie que chaque expérience d'une part emprunte quelque chose aux expériences antérieures et, d'autre part, modifie de quelque manière la qualité des expériences ultérieures » (*Expérience et éducation*, p. 80 ; sur l'interaction cf. *supra*, p. 30)). « Un univers divisé, un univers dont les éléments ne s'harmonisent plus est à la fois cause et symptôme d'une personnalité elle-même divisée... Une personnalité ne présente, en effet, de parfaite unité que si chacune de ses expériences successives

▶ « Une étude n'a de valeur que si elle permet à un élève de comprendre mieux son milieu social et si elle lui confère le pouvoir d'estimer jusqu'à quel point ses capacités pourraient rendre service à la société. » (*Ibid.*, p. 148.)

— *Application de ce qui précède à l'enseignement*

▶ « Le critère social est indispensable non seulement pour situer chacune des branches d'études mais encore pour justifier leur présence dans les programmes et pour déterminer les motifs auxquels l'enseignement doit les rattacher. » (*L'école et l'enfant*, p. 150.)

▶ « L'enfant ne sera pas seulement un citoyen ayant le droit de vote, et devant se soumettre à des lois, il sera aussi membre d'une famille et, selon toute probabilité, il aura la responsabilité de nourrir et d'élever des descendants qui assureront la continuité de la race. Il sera travailleur engagé dans une occupation servant à maintenir la vie sociale et qui assurera son indépendance et sa dignité. Il sera citoyen d'une commune, membre d'un groupement humain dont il devra élever la vie morale et auquel il apportera quelques-uns des bienfaits et des beautés de la civilisation. Dans la réalité concrète la vie offre une variété incalculable d'occasions où l'individu doit agir en vue du bien de la société. Pour que l'enfant en soit capable, il faut qu'il soit instruit dans la science, l'art, l'histoire ; qu'il connaisse les méthodes essentielles de recherche et les instruments indispensables d'échange et de communication. Cela suppose un corps exercé et bien-portant, un œil et une main habiles, des habitudes de savoir-faire, de persévérance et, par-dessus tout, de serviabilité et de dévouement. » (*Ibid.*, pp. 135-136.)

se sont intégrées l'une à l'autre » (*Expérience et éducation*, p. 91). « Personnalité et expérience achevées ne sauraient donc se concevoir sans être intégrées à un milieu au sens le plus large, mais éminemment social. L'expérience est d'autant plus élevée qu'elle constitue la forme la plus complète de la « transaction ». »

▶ « Les mathématiques ont ou n'ont pas de signification éthique, suivant qu'elles sont ou ne sont pas présentées comme un instrument de développement social... Dès que les études mathématiques sont dissociées de leur utilité sociale, elles deviennent indûment abstraites, même au point de vue intellectuel. Elles se présentent comme un amas de relations techniques et de formules indépendantes de tout but et de tout usage. » (*Ibid.*, pp. 158-159.)

2 / « Partir de l'enfant »
« Le laisser croître »

LES COMMUNAUTÉS SCOLAIRES DE HAMBOURG[1]

▶ « Tu connais l'école, ta propre jeunesse te l'a appris, comme étant le lieu où, suivant un plan bien défini, l'enfant est préparé pour sa profession, pour la « vie ». Nous, par contre, nous nous refusons à nous laisser guider dans notre travail scolaire, par les exigences de la profession, de la vie économique, du combat pour l'existence. C'est pour cela que nous n'avons pas de plan, pas de but déterminés d'instruction. Pour nous la tâche de l'école c'est d'offrir à l'enfant un lieu où il pourra être enfant, jeune et joyeux, sans tenir compte des buts à atteindre, mais en développant en lui un sens de responsabilité envers les êtres humains parmi lesquels il vit. » (Circulaire de la Berliner Tor, s. d. ; citée par J. R. SCHMID, *Le maître-camarade et la pédagogie libertaire*, pp. 52-53.)

---

1. Elles furent fondées en 1918 par une centaine d'instituteurs et fonctionnèrent dans le cadre de l'enseignement public. La tentative concerna quatre écoles publiques. Elle prit fin entre 1925 et 1930.

▶ « La pédagogie, ainsi qu'ils la comprenaient, ne doit reconnaître d'autre point de départ ni d'autre but que la nature de l'enfant ; elle ne doit se soumettre à aucune règle ou prescription qu'aux lois de la spontanéité de l'enfant. *Vom Kinde aus (Partons de l'enfant).* Voilà le mot d'ordre de cette pédagogie. » (*Id.*, p. 56.)

▶ « *Wachsenlassen* (laisser croître), voilà le véritable programme d'action de cette pédagogie. La fonction du pédagogue consiste essentiellement... à veiller à ce que le développement de la nature enfantine puisse se faire naturellement et sans se heurter à des obstacles ; l'éducateur ne doit pas vouloir diriger ce développement, voire lui prescrire les voies qu'il aura à prendre. » (*Id.*, p. 58.)

▶ « Ils voulaient ainsi créer, en toute liberté et sans plan préconçu, une nouvelle institution qui pourrait un jour remplacer l'école dans le sens traditionnel. *Die Ueberwindung der Schule — Le dépassement de l'école —* tel est le titre significatif de l'écrit théorique le plus important se rapportant aux communautés scolaires. » (*Id.*, p. 25.)

SECTION II

CONDUIRE LA NATURE A LA CULTURE

REMARQUE PRÉALABLE :

Les doctrines ici retenues diffèrent considérablement en ce qui concerne :

— *le contenu qu'elles donnent à la nature (vacante pour les uns, plus ou moins déterminée pour les autres) ;*
— *l'origine de la culture (placée dans la raison, l'adaptation, la conscience collective, les déterminismes d'ordre matériel, ou tenue pour un fait dont on cherche moins à connaître les débuts qu'à anticiper l'avenir) ;*
— *la façon d'entendre la culture ;*
— *le plus ou moins grand éloignement de la nature et de la culture ;*
— *et, par suite, le degré de pression qu'il faut exercer sur la nature pour la conduire à la culture. Deux limites, pourrait-on dire : dans un cas la nature est « cultivée » ; dans l'autre elle est « culturalisée ». Ces limites, il est vrai, ne sont jamais atteintes à la rigueur.*

Cependant les divergences des attitudes ne doivent pas faire oublier combien plus essentiel est le trait qui leur est commun et autorise leur regroupement. Toutes, si disparates soient-elles, voient dans l'homme éduqué un homme cultivé.

1 / Elévation et subordination
de la nature
à la vie de l'esprit

A / ALAIN[1]

*1 | L'éducation ne transforme pas la nature,
qui demeure particulière.
Elle la conduit à l'universalité
c'est-à-dire à la pensée et à la vertu*

▶ « Je crois que les natures sont immuables pour le principal ; mais ce fond de structure et d'humeurs est au-dessous du bien et du mal. Et la vertu d'un homme ressemble bien plus à ses propres vices qu'à la vertu du voisin. » (*Propos sur l'éducation*, p. 59.)

▶ « Je conviens que l'éducation ne rendra pas brun celui qui est rouge et n'empêchera pas ses cheveux de friser. Et je conviens que de tels signes n'annoncent pas peu. Voici un teint doré, une toison noire, des yeux jaunes, des formes gracieuses, une masse musculaire faible ; toute une vie est ici écrite en un sens ; toutes les actions, toutes les passions, toutes les pensées auront cette sombre couleur. Et de même l'autre sera rose, rouge et bleu en tout ce qu'il dira et pensera. Le moindre geste exprimera la nature de l'un et de l'autre. Mais c'est cela qu'il faut

1. Français, 1868-1951. Son nom était Emile Chartier.

aimer ; c'est cela, blond ou brun, sanguin ou bilieux, c'est cela qui sera humain, puissant et libre ; ou qu'est-ce qui pourrait l'être ? Nul homme n'existe ou n'agit par la vertu du voisin. » (*Ibid.*, pp. 143-144.)

▶ « En n'importe quel corps humain, toutes les passions sont possibles, toutes les erreurs sont possibles, et se multiplieront les unes par les autres si l'ignorance, l'occasion et l'exemple y disposent ; toujours, il est vrai, selon la formule de vie inimitable, unique, que chacun a pour lot. Il y a autant de manières d'être méchant et malheureux qu'il y a d'hommes sur la planète. Mais il y a un salut pour chacun aussi, et propre à lui, de la même couleur que lui, du même poil que lui. Il sera courageux, charitable, sage par ses mains à lui, par ses yeux à lui. Non pas par vos mains à vous ni par vos yeux. Non pas parfait de votre perfection, mais de la sienne. Il n'a que faire de vos vertus, mais plutôt de ce qui peut être vice et passion en lui, il fera vertu en lui. Et ne dit-on pas souvent d'un homme, non sans raison, que ses brillantes qualités l'ont perdu par le mauvais usage qu'il en a fait ? » (*Ibid.*, p. 144.)

▶ « Il faudrait être comme tout le monde en restant soi... Il faut se penser soi-même universellement, et non pas comme une généralité ; universellement comme unique et inimitable ; ce qui est proprement se sauver... J'ai à sauver une certaine manière d'aimer, de haïr, de désirer, tout à fait animale et qui m'est aussi adhérente que la couleur de mes yeux. J'ai à la sauver, non pas à la tuer. Dans l'avarice, qui est la moins généreuse des passions, il y a l'esprit d'ordre, qui est universel ; il y a le respect du travail, qui est universel ; la haine des heures perdues et des folles prodigalités, qui est universelle. Ces pensées, car ce sont des pensées, sauveront très bien l'avare s'il ose seulement être lui-même et savoir ce qu'il veut. Autant à dire de l'ambitieux, s'il est vraiment ambitieux ; car il voudra une louange qui vaille, et ainsi honorera l'esprit libre, les différences, les résistances. » (*Ibid.*, pp. 147-148.)

▶ « Il y a longtemps que je suis las d'entendre dire que l'un est intelligent et l'autre non.

« Je suis effrayé comme de la pire sottise de cette légèreté à juger les esprits. Quel est l'homme, aussi médiocre qu'on le juge, qui ne se rendra maître de la géométrie s'il va par ordre et s'il ne se rebute point ? De la géométrie aux plus hautes recherches et aux plus ardues le passage est le même que de l'imagination errante à la géométrie, les difficultés sont les mêmes, insurmontables pour l'impatient, nulles pour qui a patience et n'en considère qu'une à la fois. De l'invention en ces sciences et de ce qu'on nomme le génie, il me suffit de dire qu'on n'en voit les effets qu'après de longs travaux ; et si un homme n'a rien inventé, je ne puis donc savoir si c'est seulement qu'il ne l'a pas voulu.

« Ce même homme qui a reculé devant le froid visage de la géométrie, je le retrouve vingt ans après, en un métier qu'il a choisi et suivi, et je le vois assez intelligent en ce qu'il a pratiqué ; et d'autres, qui veulent improviser avant un travail suffisant, disant des sottises en cela, quoiqu'ils soient raisonnables et maîtres en d'autres choses. Tous, je les vois sots surabondamment en des questions de bon sens parce qu'ils ne veulent point regarder avant de se prononcer. D'où m'est venue cette idée que chacun est juste aussi intelligent qu'il veut. Le langage aurait pu m'en instruire assez ; car imbécile veut exactement dire faible ; ainsi l'instinct populaire me montre en quelque sorte du doigt ce qui fait la différence de l'homme de jugement au sot. Volonté, et j'aimerais encore mieux dire travail, voilà ce qui manque. » (*Ibid.*, pp. 62-63.)

2 | *Les deux ordres de l'éducation :*
les sciences, les humanités

▶ « Auguste Comte fut formé d'abord aux sciences, c'est-à-dire qu'il connut de bonne heure comment les choses de la nature sont liées entre elles, et varient ensemble, soit dans leurs quantités et leurs mouvements, soit dans leurs qualités. Pourvu de ces connaissances, et y exerçant sa forte tête, une des mieux faites sans doute que l'on ait vues, il vécut pourtant maladroitement. C'est qu'avec une vue fort précise de l'ordre extérieur, il se trouvait comme un enfant au milieu de l'ordre humain, source principale de nos passions. Aussi fut-il dupe des sentiments et de l'imagination, suivant les impulsions de son cœur généreux, en vrai sauvage qu'il était. C'est l'aventure de beaucoup. Mais cette forte tête sut du moins réfléchir sur ses propres malheurs, et découvrir en sa maturité ce qui avait manqué à sa jeunesse. Venant donc aux poètes, aux artistes, et en somme aux signes humains vers sa quarantième année, il finit par où il aurait dû commencer, qui est la politesse[1] dans le sens le plus étendu, et l'éducation à proprement parler.

« Il faut lire ; et cela s'étend fort loin. Se rendre maître de l'alphabet est peu de chose ; mais la grammaire est sans fin ; au-delà s'étend le commun usage ; au-dessus est l'expression belle et forte, qui est comme la règle et le modèle de nos sentiments et de nos pensées. Il faut lire et encore lire. L'ordre humain se montre dans les règles, et c'est une politesse que de suivre les règles, même orthographiques. Il n'est point de meilleure discipline. Le sauvage animal, car il est né sauvage, se trouve civilisé par là, et humanisé, sans qu'il y pense, et seulement par le plaisir de lire. Où sont les limites ? Car les langues modernes et les anciennes aussi nous y servent

---

1. Politesse comme art des signes. Cf. ALAIN, *Les arts et les dieux*, La Pléiade, Gallimard, 1961, p. 1080.

de mille manières. Faut-il donc lire toute l'humanité,
toutes les Humanités comme on dit ?
« De limites, je n'en vois point. » (*Ibid.*, pp. 65-66.)

3 | *La culture est retour aux sources*

▶ « Quand on m'annonce une Bibliothèque de Culture
générale, je cours aux volumes, croyant bien y trouver
de beaux textes, de précieuses traductions, tout le trésor
des Poètes, des Politiques, des Moralistes, des Penseurs.
Mais point du tout ; ce sont des hommes fort instruits,
et vraisemblablement cultivés, qui me font part de leur
culture. Or, la culture ne se transmet point et ne se ré-
sume point. Etre cultivé c'est, en chaque ordre, remonter
à la source et boire dans le creux de sa main, non point
dans une coupe empruntée. Toujours prendre l'idée telle
que l'inventeur l'a formée ; plutôt l'obscur que le médiocre, et toujours préférence donnée à ce qui est beau
sur ce qui est vrai ; car c'est toujours le goût qui éclaire
le jugement. Encore mieux, choisir le beau le plus ancien,
le mieux éprouvé ; car il ne faut point supplicier le
jugement, mais plutôt l'exercer. Le beau étant le signe
du vrai, et la première existence du vrai en chacun,
c'est donc dans Molière, Shakespeare, Balzac que je
connaîtrai l'homme, et non point dans quelque résumé
de psychologie. Et je ne veux même point qu'on me
mette en dix pages ce que Balzac a pensé des passions ;
les vues du génie sont de tout ce monde à demi-obscur
qu'il décrit ; dont je ne veux rien séparer ; car ce passage
du clair à l'obscur, c'est justement par là que j'entre
dans la chose. Je n'ai qu'à suivre le mouvement du poète
ou du romancier ; mouvement humain, mouvement juste.
Toujours donc revenir aux grands textes ; n'en point
vouloir d'extraits ; les extraits ne peuvent servir qu'à
nous renvoyer à l'œuvre. Et je dis aussi à l'œuvre sans
notes. La note, c'est le médiocre qui s'accroche au beau.
L'humanité secoue cette vermine.

« En sciences de même. Je ne veux point les dernières

découvertes ; cela ne cultive point ; cela n'est pas mûr pour la méditation humaine. La culture générale refuse les primeurs et les nouveautés. Je vois que nos amateurs se jettent sur la dernière idée comme sur la plus jeune symphonie. Votre boussole, mes amis, sera bientôt folle. L'homme de métier a trop d'avantages sur moi. Il m'étonne, me trouble et me déplace, par ces bruits singuliers qu'il incorpore à l'orchestre moderne, déjà surchargé ; indiscret déjà. Les jeunes musiciens ressemblent assez aux physiciens de la dernière minute, qui nous lancent des paradoxes sur les temps et les vitesses. Car, disent-ils, le temps n'est pas quelque chose d'unique, ni d'absolu ; c'était vrai pour certaines vitesses ; mais il n'en est plus ainsi quand les vitesses considérées sont de l'ordre de la vitesse de la lumière. C'est ainsi qu'il n'est plus évident que, quand deux points se rencontrent, la rencontre se fasse en même temps pour les deux points. Tel est le cri du canard dans une symphonie scythe ; cela étonne comme un bruit étranger.

« Ainsi les symphonistes de physique voudraient m'étonner ; mais je me bouche les oreilles. C'est le moment de relire les conférences de Tyndall sur la chaleur, ou les mémoires de Faraday concernant les phénomènes électromagnétiques. Cela est éprouvé ; cela tient bon. La bibliothèque dont je parlais devrait nous mettre en main de telles œuvres. Et je vous conseille, si vous voulez être sérieusement physicien pour vous-même, d'ouvrir quelque mémoire de ce genre sur une grande table, et de réaliser, de vos propres mains, les expériences qui y sont décrites. Une après l'autre. Oui ces vieilles expériences dont on dit : « Cela est bien connu », justement sans les avoir faites. Travail ingrat, qui ne permet point de briller à quelque dîner de Sorbonnagres. Mais patience. Laissez-moi conduire pendant dix ans mes rustiques travaux et mes lectures hors de mode, et les Sorbonnagres seront loin derrière. » (*Propos*, 45, pp. 113-116.)

B / KERSCHENSTEINER[1]

1 | Les valeurs spirituelles

▶ « L'être humain vient au monde, pur, composé de tendances... Peu à peu se constitue un système de valeurs, de fins, d'intérêts qu'on peut nommer sans doute sa forme psychique ou sa structure psychique... Mais le complexe de fonctions qui constitue l'individualité humaine se développe et, conformément à un plan, un troisième groupe de fonctions apparaît à côté des fonctions physiques et psychiques. Nous pouvons les appeler fonctions spirituelles. Elles trouvent leur accomplissement dans des expériences vécues *(Erlebnissen)* des valeurs. Mais ces valeurs sont d'une tout autre sorte que celles qui ont été mentionnées jusqu'à présent. Il me suffira de rappeler leurs quatre catégories fondamentales : la vérité, la beauté, la moralité, la sainteté, et de marquer leur opposition aux valeurs d'agrément, de jouissances sensibles, de bien-être corporel ; d'utilité matérielle, d'amour sensible pour donner une idée de l'opposition fondamentale de deux domaines de valeurs : les valeurs sensibles et les valeurs spirituelles.

« Aussitôt que l'expérience vécue de ces valeurs spirituelles est atteinte par l'individu dans toute sa profondeur possible, tout le système des valeurs individuelles commence à s'organiser sous leur souveraineté. » (*Theorie der Bildungsorganisation*, p. 18.)

2 | La culture unit universel et individuel

▶ « La culture *(Bildung)*, peut-on dire, consiste en ce que, par l'action des biens culturels *(Kulturgüter)* s'éveille chez l'individu, avec toute l'étendue et la profondeur qui lui sont possibles, un sens des valeurs organisé. Ces nouveaux systèmes de valeurs, de fins,

---

1. Allemand, 1855-1932.

d'intérêts, nous pouvons aussi les appeler structure spirituelle de l'individu. Celle-ci n'est jamais achevée, elle
tend toujours constamment à une plus grande perfection :
caractère qui permet de reconnaître la culture et ne
trompe pas. De même elle n'est jamais statique mais
dynamique.

« La culture n'est jamais quelque chose de général ;
elle est toujours uniquement quelque chose de particulier, d'individuel, d'unique — jamais un type. Fondre
pleinement l'idée de l'individu et celle de la culture est
de la plus grande importance pour l'existence de la
culture...

« On a pour le moins méconnu ce que Gœthe a ex-
primé si clairement dans Wilhelm Meister : l'homme,
quand bien même il serait placé, pour développer sa
personnalité, dans le milieu le plus riche et le plus
divers, ne peut, pour se former, tirer de ce milieu que
« ce qui lui est conforme », c'est-à-dire ce qui correspond
à son individualité propre et unique. Il peut gagner
nombre de souvenirs de toutes sortes mais, pour sa formation spirituelle, n'a de portée que ce qui est conforme
à sa structure spirituelle et peut être assimilé par elle. »
(*Id.*, p. 20.)

3 | Droit de l'individu à la culture
Culture et société

▶ « C'est un droit moral pour l'individualité d'être
conduite, dans la mesure de sa plasticité particulière, par
toutes les dispositions que la communauté prend en
faveur de la culture, sur une voie qui lui permette d'atteindre toute sa formation spirituelle possible.

« Une telle norme n'est d'ailleurs aucunement une
norme individualiste. Elle enseigne assurément le droit
qu'une individualité a sur elle-même — non sur ce qu'il
y a en elle de purement animal — mais sur son être
spirituel possible, et seulement sur lui. Mais elle n'est
pas en opposition avec les droits des communautés de

valeur ni avec ceux des communautés politiques à organiser la culture... Elle les limite seulement. Les communautés gardent toujours, sans qu'il lui soit porté atteinte,
le droit de conduire, à l'aide de leurs biens culturels,
l'élève à l'expérience vécue des valeurs spirituelles et, par
ce moyen, de poser les fondements de ce type d'homme
qui correspond à leur idéal propre — au moins jusqu'à
ce stade de son évolution spirituelle où la structure spirituelle ainsi engendrée contraint l'élève à une prise personnelle de position à l'égard de ces biens culturels. »
(*Id.*, p. 20.)

4 | *L'école du travail* (Arbeitschule)

▶ « Elle place à l'origine de son œuvre le travail, l'action,
l'expérience vécue. Mais si l'action ne doit conduire qu'à
donner l'impression d'avoir fait quelque chose *(aliquid
fecisse videatur)* et non à un travail au sens pédagogique
du mot, si l'expérience vécue n'est pas celle d'une valeur
spirituelle, activité et expérience vécue sont dépourvues
de signification à l'égard du processus de culture.

« Cependant toute activité, lors même qu'elle procéde-
rait du centre même de notre être, ne nous montre pas
dans notre œuvre, comme dans un miroir, les traits
psychiques et spirituels de notre structure spirituelle...
Seule a une véritable valeur culturelle l'activité qui
conduit l'élève à se soumettre toujours davantage à la
loi des choses. » (*Id.*, p. 46.)

C / MARITAIN[1]

▶ « Finalités de l'éducation » ... « C'est de guider l'homme
dans le développement dynamique au cours duquel il se
forme en tant que personne humaine — pourvue des
armes de la connaissance, de la force du jugement et des

---

1. Français, 1882-1973.

vertus morales —, tandis que, en même temps, lui parvient l'héritage spirituel de la nation et de la civilisation auxquelles il appartient, et que se trouve ainsi conservé le patrimoine séculaire des générations. L'aspect utilitaire de l'éducation, selon qu'elle met l'enfant en état d'exercer plus tard un métier et de gagner sa vie, ne doit certes pas être dédaigné, car les enfants d'homme ne sont pas faits pour une vie de loisirs aristocratiques. Mais le meilleur moyen d'obtenir ce résultat pratique est de développer les capacités humaines dans leur ampleur. » (*Pour une philosophie de l'éducation*, pp. 26-27.)

▶ « Une personne possède une dignité absolue parce qu'elle est en relation directe avec le royaume de l'être, de la vérité, de la bonté, de la beauté, et avec Dieu, et c'est seulement par là qu'elle peut arriver à son entier accomplissement. Sa patrie spirituelle consiste dans l'ordre entier des choses qui ont une valeur absolue, et qui, reflétant en quelque manière un absolu divin supérieur au monde, ont en elles la capacité d'attirer vers cet absolu. » (*Id.*, p. 25.)

2 | Action, sur une nature vacante, de normes sociales (Durkheim)

1 | Définition de l'éducation

▶ « L'éducation est l'action exercée par les générations adultes sur celles qui ne sont pas encore mûres pour la vie sociale. Elle a pour objet de susciter et de développer chez l'enfant un certain nombre d'états physiques, intellectuels et moraux que réclament de lui et la société

1. Français, 1858-1917.

politique dans son ensemble et le milieu spécial auquel il est particulièrement destiné. » (*Education et sociologie*, p. 51.)

2 | *La nature enfantine est vacante l'éducation est donc créatrice*

▶ « Si l'on fait abstraction des vagues et incertaines tendances qui peuvent être dues à l'hérédité, l'enfant, en entrant dans la vie, n'y apporte que sa nature d'individu. La société se trouve donc, à chaque génération nouvelle, en présence d'une table presque rase sur laquelle il lui faut construire à nouveaux frais. Il faut que, par les voies les plus rapides, à l'être égoïste et asocial qui vient de naître, elle en surajoute un autre, capable de mener une vie morale et sociale. Voilà quelle est l'œuvre de l'éducation, et l'on en aperçoit toute la grandeur. Elle ne se borne pas à développer l'organisme individuel dans le sens marqué par sa nature, à rendre apparentes des puissances cachées qui ne demandaient qu'à se révéler. Elle crée dans l'homme un être nouveau. » (*Id.*, p. 52.)

3 | *L'éducation humanise l'animal humain sur les plans moral et intellectuel*

▶ « Tandis que nous montrions la société façonnant, suivant ses besoins, les individus, il pouvait sembler que ceux-ci subissaient de ce fait une insupportable tyrannie. Mais, en réalité, ils sont eux-mêmes intéressés à cette soumission ; car l'être nouveau que l'action collective, par la voie de l'éducation, édifie ainsi en chacun de nous, représente ce qu'il y a de meilleur en nous, ce qu'il y a en nous de proprement humain. L'homme, en effet, n'est un homme que parce qu'il vit en société...

« C'est la société, en effet, qui nous tire hors de nous-même, qui nous oblige à compter avec d'autres intérêts que les nôtres, c'est elle qui nous a appris à dominer nos passions, nos instincts, à leur faire la loi, à nous gêner, à nous priver, à nous sacrifier, à subordonner nos fins personnelles à des fins plus hautes. Tout le système de représentation qui entretient en nous l'idée et le sentiment de la règle, de la discipline, tant interne qu'externe, c'est la société qui l'a institué dans nos consciences. C'est ainsi que nous avons acquis cette puissance de nous résister à nous-même, cette maîtrise sur nos penchants qui est un des traits distinctifs de la physionomie humaine et qui est d'autant plus développée que nous sommes plus pleinement des hommes.

« Nous ne devons pas moins à la société au point de vue intellectuel. C'est la science qui élabore les notions cardinales qui dominent notre pensée : notions de cause, de lois, d'espace, de nombre, notions des corps, de la vie, de la conscience, de la société, etc. Toutes ces idées fondamentales sont perpétuellement en évolution : c'est qu'elles sont le résumé, la résultante de tout le travail scientifique, loin qu'elles en soient le point de départ. » (*Id.*, pp. 55-56.)

4 | Pas d'antagonisme entre la société et l'individu

▶ « Ainsi l'antagonisme que l'on a trop souvent admis entre la société et l'individu ne correspond à rien dans les faits. Bien loin que ces deux termes s'opposent et ne puissent se développer qu'en sens inverse l'un de l'autre, ils s'impliquent. L'individu, en voulant la société, se veut lui-même. L'action qu'elle exerce sur lui, par la voie de l'éducation notamment, n'a nullement pour objet et pour effet de le comprimer, de le diminuer, de le dénaturer, mais, au contraire, de le grandir et d'en faire un être vraiment humain. Sans doute il ne peut se grandir ainsi qu'en faisant effort. Mais c'est que précisément le pouvoir de faire volontairement effort est une des caractéristiques les plus essentielles de l'homme. » (*Id.*, pp. 57-58.)

3 / Culture déterminée
selon les principes
du matérialisme historique

La nature humaine est forgée par l'histoire ; et celle-ci déterminée par la lutte des classes. L'éducation consiste à assurer la formation des enfants du peuple en vue d'une société et d'une culture socialistes (Marx et les Marxistes).

A / MARX[1]

*1 | En régime capitaliste
la culture est une culture bourgeoise*

▶ « Toutes les objections visant le mode communiste d'appropriation et de production des produits matériels, on les a étendues aussi bien à l'appropriation et à la production des produits de l'esprit. Tout comme pour le bourgeois la cessation de la propriété de classe signifie la cessation de la production elle-même, la cessation de la culture de classe s'identifie à ses yeux avec la cessation de la culture en général.

« La culture, dont il déplore la perte, est pour l'immense majorité un dressage qui en fait des machines.

« Mais ne chicanez pas avec nous en mesurant l'abolition de la propriété bourgeoise à l'une de vos idées bourgeoises de liberté, de culture, de droit, etc. Vos idées elles-mêmes sont des produits des rapports bourgeois de production et de propriété comme votre droit n'est que la volonté de votre classe érigée en loi, volonté

---

1. Marx, 1818-1883. Seul auteur étranger à notre siècle auquel des textes soient ici empruntés. On comprendra suffisamment pourquoi.

dont le contenu est donné dans les conditions matérielles d'existence de votre classe. » (MARX et ENGELS, *Manifeste du Parti communiste,* p. 117.)

▶ « Et même votre éducation n'est-elle pas déterminée aussi par la société ? Par les rapports sociaux au sein desquels elle se fait, par l'ingérence plus ou moins directe de la société, par le canal de l'école, etc. ? L'action de la société sur l'éducation n'est pas une invention des communistes ; ils changent seulement son caractère, ils arrachent l'éducation à l'influence de la classe dominante.

« Les boniments de la bourgeoisie sur la famille et l'éducation, sur la douceur des liens entre parents et enfants deviennent d'autant plus écœurants que la grande industrie déchire de plus en plus tous les liens familiaux pour les prolétaires et que les enfants sont transformés en simples articles de commerce et en instruments de travail. » (*Id.,* pp. 120-121.)

2 | « *L'éducation de l'avenir* »

— *La loi de fabrique*[1]

▶ « Si minces que paraissent, dans leur ensemble, les articles de la loi de fabrique sur l'éducation, ils proclament néanmoins l'instruction primaire comme condition obligatoire du travail des enfants. Leur succès était la première démonstration pratique de la possibilité d'unir l'enseignement et la gymnastique avec le travail manuel et *vice versa* le travail manuel avec l'enseignement et la gymnastique. En consultant les maîtres d'école, les inspecteurs de fabrique reconnurent bientôt que les enfants de fabrique qui fréquentent seulement l'école pendant une moitié de jour apprennent tout autant que les élèves réguliers et savent même davantage...

« Il suffit de consulter les livres de Robert Owen pour

1. Votée par le Parlement anglais en 1864. Certaines de ses dispositions concernent le travail des enfants.

être convaincu que le système de fabrique a le premier fait germer l'éducation de l'avenir, éducation qui unira, pour tous les enfants au-dessus d'un certain âge, le travail productif avec l'instruction et la gymnastique, et cela non seulement comme méthode d'accroître la production sociale mais comme la seule et unique méthode de produire des hommes complets. » (*Capital*, liv. I, pp. 161, 162.)

— Au-delà de la loi de fabrique

▶ « Si la législation de fabrique, première concession arrachée de haute lutte au capital s'est vue contrainte de combiner l'instruction élémentaire, si misérable qu'elle soit, avec le travail industriel, la conquête inévitable du pouvoir politique par la classe ouvrière va introduire l'enseignement de la technologie, pratique et théorique, dans les écoles du peuple. Il est hors de doute que de tels ferments de transformation, dont le terme final est la suppression de l'ancienne division du travail, se trouvent en contradiction flagrante avec le mode capitaliste de l'industrie et le milieu économique où il place l'ouvrier... *Ne sutor ultra crepidam !* Savetier reste à ta savate ! Ce *nec plus ultra* de la sagesse du métier et de la manufacture devient démence et malédiction le jour où l'horloger Watt découvre la machine à vapeur, le barbier Arkwright le métier continu et l'orfèvre Fulton le bateau à vapeur. » (*Id.*, pp. 166-167.)

— La « formation » selon la Résolution de 1866[1]

▶ « Par formation, nous entendons trois choses :
« 1) la formation intellectuelle ;

---

1. « Marx a écrit les *Instructions aux délégués du Conseil général provisoire...* en anglais pour le Ier Congrès de l'Association internationale des Travailleurs fondée en 1864. Elles furent acceptées comme résolution lors du Congrès de Genève (du 3 au 8 septembre 1866). » (Théo DIETRICH, *La pédagogie socialiste*, 1965 ; trad. BROSSAT et PAILLARD, p. 44, note.) La trad. de cet extrait de la Résolution est donnée p. 44.

« 2) l'éducation physique telle qu'elle est dispensée dans les écoles de gymnastique et par les exercices militaires ;

« 3) l'éducation polytechnique qui fait connaître les bases scientifiques générales de tout processus de production et, en même temps, initie les enfants et les jeunes gens à l'utilisation et au maniement des outils de base propres à chaque métier. »

B / LES MARXISTES RUSSES

1 | Lénine[1]

a) La culture

▶ « L'ancienne école déclarait vouloir former un homme ayant une culture générale complète et enseigner les sciences en général. Nous savons que c'était entièrement faux, car toute la société était basée et reposait sur la division des hommes en classes, en exploiteurs et en opprimés. Il était naturel que toute l'ancienne école, entièrement imprégnée de l'esprit de classe, ne donnât des connaissances qu'aux enfants de la bourgeoisie. Chaque mot était adapté aux intérêts de la bourgeoisie. Dans ces écoles on n'éduquait la jeune génération des ouvriers et des paysans que pour les dresser dans l'intérêt de la bourgeoisie. On les éduquait dans le but de former pour la bourgeoisie des serviteurs utiles, susceptibles de lui rapporter des bénéfices, sans troubler sa quiétude et son oisiveté.

« L'ancienne école était celle de l'étude livresque, elle obligeait les gens à assimiler une masse de connaissances inutiles, superflues, sans vie, qui encombraient le cerveau et transformaient la jeune génération en bureaucrates bâtis sur le même gabarit. » (*Les tâches des unions de la jeunesse*, pp. 297-298.)

1. 1870-1924.

▶ « Vous commettriez une grave erreur si vous tentiez d'en déduire que l'on peut devenir communiste sans avoir assimilé les richesses accumulées par la connaissance humaine. Il serait faux de croire qu'il suffit d'assimiler les mots d'ordre communistes, les conclusions de la science communiste, sans avoir assimilé cette somme de connaissances dont le communisme lui-même est le produit. Le marxisme est un exemple qui montre comment le communisme est issu de la somme des connaissances humaines. » (*Id.*, p. 298.)

▶ « Tout ce que la société humaine avait créé, Marx l'a repensé dans un esprit critique, sans rien laisser dans l'ombre. Tout ce que la pensée humaine a créé, il l'a repensé, il l'a passé au crible de la critique et vérifié sur le mouvement ouvrier ; et il a formulé ensuite des conclusions que les hommes, enfermés dans les limites étroites du cadre bourgeois ou enchaînés par les préjugés bourgeois, ne pouvaient tirer.

« Il faut y songer quand, par exemple, nous parlons de la culture prolétarienne. Nous ne saurions résoudre ce problème si nous ne comprenons pas bien que c'est seulement la parfaite connaissance de la culture créée au cours du développement de l'humanité et sa transformation qui permettront de créer une culture prolétarienne. La culture prolétarienne ne surgit pas on ne sait d'où, elle n'est pas l'invention d'hommes qui se disent spécialistes en la matière. Pure sottise que tout cela. La culture prolétarienne doit être le développement logique de la somme de connaissances que l'humanité a accumulées, sous le joug de la société capitaliste, de la société des propriétaires fonciers et des bureaucrates. Tous ces chemins et tous ces sentiers ont mené et continuent de mener à la culture prolétarienne, de même que l'économie politique, repensée par Marx, nous a montré à quoi doit aboutir la société humaine, nous a indiqué le passage à la lutte des classes, au départ de la révolution prolétarienne...

« On ne peut devenir un communiste qu'après avoir enrichi sa mémoire de la connaissance de toutes les richesses créées par l'humanité. » (*Id.*, pp. 299-300.)

▶ « *Chaque* culture nationale comporte des éléments, même non développés, d'une culture démocratique et socialiste car dans *chaque* nation, il existe une masse laborieuse et exploitée dont les conditions de vie engendrent forcément une idéologie démocratique et socialiste. Mais... d'une façon générale la « culture nationale » est celle des grands propriétaires fonciers, du clergé, de la bourgeoisie...

« En formulant le mot d'ordre de « la culture internationale du démocratisme et du mouvement ouvrier mondial », nous empruntons à chaque culture nationale uniquement ses éléments démocratiques et socialistes... par opposition à la culture bourgeoise, au nationalisme bourgeois de chaque nation. » (*Notes critiques sur la question nationale*, pp. 38-39.)

b) L'école prolétarienne

▶ *Idée générale.* — « Nous ne croirions pas à l'étude, à l'éducation et à l'instruction si elles devaient être limitées à l'école et coupées de la vie. Tant que les ouvriers et les paysans sont opprimés par les propriétaires fonciers et les capitalistes, tant que les écoles restent aux mains des propriétaires fonciers et des capitalistes, la jeune génération reste aveugle et ignorante. Notre école doit donner à la jeunesse les bases de la connaissance, lui apprendre à élaborer elle-même les conceptions communistes, elle doit en faire des hommes cultivés. Elle doit, pendant le temps de leurs études, en faire des combattants de l'émancipation des exploités. L'union communiste des jeunes ne justifiera son titre d'Union communiste de la jeune génération que si elle rattache chaque moment de son apprentissage, de son éducation et de son instruction à la participation à la lutte commune de tous les travailleurs contre les exploiteurs. » (*Les tâches...*, p. 311.)

▶ « Il faut donc que l'Union de la jeunesse communiste rattache son éducation, son instruction, son apprentissage au travail des ouvriers et des paysans, qu'elle ne s'enferme pas dans ses écoles et ne se borne pas à la lecture de livres et de brochures communistes. Ce n'est qu'en travaillant avec les ouvriers et les paysans que l'on peut devenir un véritable communiste. » (*Id.*, p. 315.)

▶ *L'école et les connaissances.* — « Ainsi, tout en condamnant l'ancienne école, tout en nourrissant à son égard une haine parfaitement légitime et nécessaire, tout en appréciant le désir de la détruire, nous devons comprendre qu'il nous faut substituer à l'ancienne méthode livresque, à l'ancien bourrage, à l'ancien dressage, l'art de faire nôtre la somme des connaissances humaines et de les assimiler de façon que le communisme soit chez vous non pas quelque chose d'appris par cœur mais bien quelque chose de repensé par vous-mêmes et dont les conclusions s'imposent du point de vue de l'éducation moderne. » (*Id.*, p. 302.)

▶ *L'école et la morale.* — « L'éducation de la jeunesse communiste ne doit pas consister à lui tenir toutes sortes de discours suaves et à lui inculquer des règles de morale. Quand des gens ont vu comment vivaient leurs pères et leurs mères sous le joug des propriétaires fonciers et des capitalistes, quand ils ont enduré eux-mêmes les souffrances qui fondaient sur ceux qui engageaient la lutte contre les exploiteurs, quand ils ont vu ce qu'il fallait de sacrifices pour continuer cette lutte, pour défendre le terrain conquis et quels ennemis forcenés étaient les propriétaires fonciers et les capitalistes — voilà ce qui a permis à ces hommes de faire leur éducation de communistes. A la base de la morale communiste, il y a la lutte pour renforcer et pour mener à son terme l'édification du communisme. Telle est la base de l'étude, de l'éducation et de l'instruction communistes. » (*Id.*, p. 310.)

2 | *Makarenko*[1].

▶ *Buts.* — « D'où peut découler le but du travail éducatif ? Il découle naturellement de nos besoins sociaux, des aspirations du peuple soviétique, des buts et des missions de notre révolution, des buts et des missions de notre lutte. Et c'est pourquoi la formulation des buts ne peut naturellement être tirée ni de la biologie ni de la psychologie mais seulement de notre histoire socialiste, de notre vie sociale. » (*Problèmes de l'éducation scolaire soviétique*, p. 34.)

▶ *Idéal et tâche pratique.* — « Les tentatives d'exprimer les buts de l'éducation en une courte formule indiquent seulement la rupture complète avec toute pratique, toute action... Il n'y a rien d'éternel et d'absolu dans nos tâches. L'exigence d'une société n'est valable que pour une période plus ou moins étendue. Nous pouvons être certains que des exigences différentes seront posées aux générations futures. » (*Une expérience de travail 1931*, pp. 151-152.)

▶ *Buts communs et buts personnels.* — « Je suis profondément convaincu que les qualités de notre individualité soviétique diffèrent en principe des qualités de la personnalité dans la société bourgeoise et que notre éducation doit, de même, différer en principe. L'éducation, dans la société bourgeoise, c'est l'éducation de la personnalité isolée, son adaptation à la lutte pour l'existence. Et il est parfaitement naturel qu'il faut communiquer à cet individu les qualités nécessaires à cette lutte : un esprit astucieux, l'habileté diplomatique dans les circonstances de la vie, les qualités nécessaires à la lutte isolée, celles du lutteur qui combat pour soi-même.

« (L')harmonie des buts communs et personnels carac-

1. 1888-1939.

térise la société soviétique. Les buts communs ne sont pas seulement pour moi les buts principaux dominants. Ils sont liés avec mes buts personnels. Il est évident qu'une collectivité enfantine ne peut être constituée que de cette manière. Sinon j'affirme que ce n'est pas une éducation soviétique.

« Dans la pratique de la collectivité se posent à chaque pas des questions relatives à l'opposition entre buts personnels et collectifs, et à leur harmonisation. Si, au sein d'une collectivité, se fait sentir cette contradiction entre les buts communs et particuliers, cela signifie que cette collectivité n'est pas soviétique, cela signifie qu'elle est mal organisée. » (*Problèmes...*, *loc. cit.*, pp. 136, 137-138.)

▶ *La joie.* — « Eduquer l'homme, c'est former en lui les perspectives d'après lesquelles s'ordonnera sa joie du lendemain. On peut écrire sur ce sujet un discours de la méthode se rapportant à ce grand œuvre. Il consiste à organiser de nouvelles perspectives tout en utilisant celles qui existent déjà, et à en créer graduellement de plus précieuses. On peut même commencer à partir d'un bon repas, d'une représentation de cirque, du curage d'un étang, mais il faut toujours susciter et élargir progressivement des perspectives valables pour toute la collectivité et les porter à l'échelle de toute l'Union. » (*Poème pédagogique*, p. 738.)

C / MARXISME CHINOIS

Révolution culturelle chinoise

▶ « La vérité a un caractère de classe... S'opposer aux débats révolutionnaires dans les écoles, c'est s'opposer à l'esprit révolutionnaire du prolétariat, à l'utilisation du marxisme, du léninisme, de la pensée mao-tsé-toung pour critiquer et occuper les positions occupées par la bourgeoisie. » (*Qui rééduque qui ?* par le groupe rédactionnel de critique révolutionnaire de Changhaï *in* BAUDELOT et ESTABLET, *L'école capitaliste en France*, p. 333.)

▶ « Le président Mao nous enseigne : « Il y a beaucoup de « choses qu'on n'apprend pas dans les livres seuls, il faut « les apprendre auprès des producteurs — des ouvriers « et des paysans. » Par conséquent les élèves doivent sortir de leurs écoles pour se lancer dans la lutte réelle et prendre pour maîtres les ouvriers, paysans, soldats. « Ils « se consacreront principalement à leurs études, tout en « s'efforçant d'acquérir une formation dans d'autres « domaines, c'est-à-dire non seulement sur le plan cultu- « rel mais également sur les plans industriel, agricole et « militaire ; ils doivent aussi critiquer la bourgeoisie. » Dans les facultés des sciences et de la technique, il faut créer des usines, tandis que les facultés des lettres doivent prendre la société entière comme usine. » (*Id.*, p. 330.)

▶ « La Grande Révolution Culturelle Prolétarienne in- dique la pratique juste de la ligne de masse : sur la base des principes généraux communistes rappelés par les directives du Parti, ce sont les masses elles-mêmes qui sont invitées à entreprendre la critique, la discussion, la refonte du système d'éducation. » (*Id.*, p. 318. Ce dernier texte est de BAUDELOT et ESTABLET.)

D / MARXISME ITALIEN :
        GRAMSCI[1]

1 | Crise scolaire, crise politique

▶ « A côté du type d'école qu'on pourrait appeler « huma- niste » (c'est le type traditionnel le plus ancien, qui visait à développer en chaque individu humain la culture générale encore indifférenciée, le pouvoir fondamental de penser et de savoir se diriger dans la vie), on a créé

---

1. 1891-1937.

tout un système d'écoles particulières de différents niveaux, pour des branches professionnelles entières ou
pour des professions déjà spécialisées et caractérisées
avec précision. On peut même dire que la crise scolaire
qui sévit aujourd'hui est justement liée au fait que ce
processus de différenciation et de particularisation se
produit dans le chaos, sans principes clairs et précis,
sans un plan bien étudié et consciemment établi : la crise
du programme et de l'organisation scolaire, autrement
dit de l'orientation générale d'une politique de formation
des cadres intellectuels modernes, est en grande partie
un aspect et une complication de la crise organique plus
globale et plus générale. » (GRAMSCI dans le texte, p. 609).

2 | *Solution scolaire : l'humanisme de « l'école unitaire »* *prélude à la spécialisation*

▶ « La crise aura une solution qui, rationnellement,
devrait aller dans ce sens : école initiale unique de culture
générale, humaniste, formatrice, qui trouverait un juste
équilibre entre le développement de l'aptitude au travail
manuel (technique, industriel) et le développement de
l'aptitude au travail intellectuel. De ce type d'école
unique, à travers des expériences répétées d'orientation
professionnelle, on passera à l'une des écoles spécialisées ou au travail productif...

« Un point important dans l'étude de l'organisation
pratique de l'école unitaire concerne le cours de la scolarité dans ses divers niveaux conformes à l'âge des élèves,
à leur développement intellectuel et moral et aux fins
que l'école elle-même veut atteindre. L'école unitaire
ou de formation humaniste (ce terme d'humanisme
entendu au sens large et non seulement dans son sens
traditionnel) ou de culture générale, devrait se proposer
d'insérer les jeunes dans l'activité sociale après les avoir
conduits à un certain niveau de maturité et de capacité
pour la création intellectuelle et pratique, et d'autonomie
dans l'orientation et l'initiative...

« L'école unitaire devrait correspondre à la période représentée aujourd'hui par les écoles élémentaires et moyennes, réorganisées non seulement pour le contenu et la méthode d'enseignement, mais aussi pour la disposition des différents niveaux de la scolarité. Le premier degré élémentaire ne devrait pas dépasser trois ou quatre années et, à côté de l'enseignement des premières notions « instrumentales » de l'instruction — lire, écrire, compter, géographie, histoire —, il devrait développer spécialement le domaine aujourd'hui négligé des « droits et devoirs » ; c'est-à-dire les premières notions de l'Etat et de la Société, en tant qu'éléments primordiaux d'une nouvelle conception du monde qui entre en lutte avec les conceptions données par les divers milieux sociaux traditionnels, conceptions qu'on peut appeler folkloriques. Le problème didactique à résoudre est de tempérer et féconder l'orientation dogmatique qui ne peut pas ne pas être propre à ces premières années. Le reste du cursus ne devrait pas durer plus de six ans, de sorte qu'à quinze-seize ans, on devrait pouvoir avoir franchi tous les degrés de l'école unitaire...

« Il en résulte que, dans l'école unitaire, la phase ultime doit être conçue et organisée comme la phase décisive où l'on tend à créer les valeurs fondamentales de l' « humanisme », l'autodiscipline intellectuelle et l'autonomie morale nécessaires pour la spécialisation ultérieure, qu'elle soit de caractère scientifique (études universitaires) ou de caractère immédiatement pratico-productif (industrie, bureaucratie, organisation des échanges, etc.). » (*Ibid.*, pp. 610, 613, 614, 616.)

3 | *La solution scolaire est aussi solution politique*

▶ « Tous les groupes sociaux ont un type propre d'école destiné à perpétuer dans les couches sociales une fonction traditionnelle déterminée, qu'elle soit de direction ou de service.

« Si nous voulons déchirer cette trame, il est donc

opportun de ne pas multiplier ni graduer les types d'école professionnelle mais de créer un type unique d'école préparatoire (élémentaire-moyenne) qui conduise le jeune jusqu'au seuil du choix professionnel et qui fasse de lui, en même temps, une personne capable de penser, d'étudier, de diriger ou de contrôler ceux qui dirigent.

« La multiplication des types d'écoles professionnelles tend donc à pérenniser les différences traditionnelles, mais comme elle tend, dans ces différences, à provoquer des stratifications internes, elle donne l'impression d'être animée d'une tendance démocratique... Mais la tendance démocratique ne peut pas signifier seulement qu'un manœuvre devient ouvrier qualifié. Elle signifie que tout « citoyen » peut devenir « gouvernant » et que la société procure, même si ce doit être « abstraitement », le pouvoir de le devenir... » (*Œuvres*, t. 3, pp. III-II2.)

E / LES MARXISTES FRANÇAIS

I | Wallon[1]

— *Education et lutte des classes*

▶ « La conquête du pouvoir par la bourgeoisie s'est faite au nom de l'individu, de ses capacités et de ses droits. Le pouvoir une fois aux mains de cette classe, économiquement la plus puissante, elle pense bien l'utiliser mais en se masquant derrière des institutions qui prétendent ménager à chacun des possibilités semblables. Cependant le pouvoir n'appartenant pas à la collectivité dans son ensemble mais à une classe privilégiée, il ne peut manquer de susciter des oppositions. D'où une ambiguïté fondamentale et des tiraillement incessants. » (*Sociologie et éducation*, p. 332.)

1. 1879-1962.

— *La contradiction surmontée*

▶ « ... évidemment dans une société où n'existe plus la division en classe dirigeante et classe dirigée. L'individu peut alors ne plus être dissocié des groupes dont il fait partie et où il trouve la substance de sa vie matérielle et morale ; et ces groupes ne sont plus opposés entre eux ou simplement juxtaposés. » (*Ibid.*)

— « *Principes généraux* » *du Plan Langevin-Wallon*

▶ « Le but de l'enseignement est :

« *1* / d'assurer aux aptitudes de chacun tout le développement dont elles sont susceptibles ;

« *2* / de préparer l'enfant aux tâches professionnelles qui lui sont le plus accessibles et où il pourra le mieux servir la collectivité ;

« *3* / d'élever le plus possible le niveau culturel de la Nation. » (Plan Langevin-Wallon, in *L'enseignement public*, n° 11 *bis*, juin 1968.)

— « *L'Ecole unique* »

▶ « Lorsque nous parlons d'une Ecole unique, nous ne voulons pas dire qu'elle doit être uniforme. Au contraire, elle sera diversifiée afin de pouvoir répondre à toutes les aptitudes des enfants, quelle que soit leur diversité. C'est une école, par conséquent, qui tendrait à prendre chaque enfant tel qu'il est, avec ses goûts et ses aptitudes et, selon ces goûts et ces aptitudes à faire de lui l'homme le plus complet qu'il puisse devenir. C'est en même temps une école qui, loin de considérer certains enseignements comme nobles et nécessaires pour l'accès à toutes les situations élevées, les autres enseignements devant rester beaucoup plus terre à terre, voudrait au contraire que l'Enseignement, dans son ensemble, s'épanouisse vers toutes les situations sociales possibles. » (La réforme de l'Université, in *Enfance*, pp. 437-438.)

2 | *Freinet*[1]

▶ « L'école ne prépare plus à la vie, ne sert plus la vie ; et c'est là sa définitive et radicale condamnation. » (*Pour l'école du peuple*, p. 14.)

▶ « Le divorce est partout et n'est que le reflet, d'ailleurs, de l'opposition permanente de classes sociales à la recherche d'un nouvel équilibre. Cette école publique, adaptée à la vie de la période 1890-1914 et qui s'obstine dans une conception pédagogique, technique, intellectuelle et morale aujourd'hui dépassée, ne répond plus ni au mode de vie ni aux aspirations d'un prolétariat qui prend chaque jour davantage conscience de son rôle historique et humain. » (*Ibid.*)

▶ « C'est là une des plus grandes tares de la conception capitaliste de l'éducation populaire : prétendre par dessein égoïste, isoler l'école de tous les faits sociaux ou politiques qui la conditionnent ou en annihilent la portée, c'est s'associer à l'un des plus redoutables mensonges de notre époque. » (Article de l'*Educateur prolétarien*, 1933 : A la recherche de la vérité pédagogique, cité *in* Elise FREINET, *Naissance d'une pédagogie populaire*, p. 206.)

▶ « Nous devons définir, nous, le vrai but éducatif : l'enfant développera au maximum sa personnalité au sein d'une communauté rationnelle qu'il sert et qui le sert. Il remplira sa destinée, se haussant à la dignité et à la puissance de l'homme qui se prépare ainsi à travailler efficacement, quand il sera adulte, loin des mensonges intéressés, pour la réalisation d'une société harmonieuse et équilibrée. » (*Pour l'école du peuple*, p. 18.)

1. 1896-1966.

4 / Harmonisation des finalités sociales et des structures individuelles (Piaget[1])

Les finalités éducatives sont sociales. Mais les structures individuelles, dues à un développement spontané, leur sont naturellement homogènes. Le rôle de l'éducation est de hausser celles-ci à celles-là.

1 / Les finalités éducatives sont sociales et relèvent de la sociologie

▶ « Il va de soi que c'est à la société de fixer les buts de l'éducation qu'elle fournit aux générations montantes ; c'est d'ailleurs ce qu'elle fait toujours de façon souveraine, et cela de deux manières. Elle les fixe d'abord de façon spontanée par les contraintes du langage, des usages, de l'opinion, de la famille, des nécessités économiques, etc., c'est-à-dire au moyen de multiples formes d'action collective par l'intermédiaire desquelles les sociétés se conservent et se transforment, en façonnant chaque génération dans le monde statique ou mobile des précédentes. Elle les fixe ensuite de façon réfléchie par les organes de l'Etat ou d'institutions particulières, selon les types envisagés d'éducation.

« Mais cette détermination des buts de l'éducation ne se fait pas au hasard. Lorsqu'elle se fait de façon spontanée, elle obéit à des lois sociologiques que l'on peut analyser et cette étude est de nature à éclairer les décisions réfléchies des autorités en matière d'éducation. Quant à ces décisions elles-mêmes, elles ne sont en général prises qu'au vu d'informations de tous genres, non seulement politiques, mais encore économiques, techniques, mo-

1. Suisse, né en 1896.

rales, intellectuelles, etc. Mais, ici à nouveau, il y aurait
tout intérêt, pour les responsables mêmes des directives
à donner aux éducateurs, d'être en possession d'études
objectives sur les relations entre la vie sociale et l'éducation. En effet, d'une part il ne suffit pas de fixer des buts
pour pouvoir les atteindre car il reste à examiner le problème des moyens, qui relève alors de la psychologie plus
que de la sociologie, mais qui conditionne tout de même
le choix des buts. Aussi bien Durkheim a-t-il un peu
trop simplifié les choses en soutenant que l'homme voulu
par l'éducation est un produit de la société et non pas de
la nature : il reste que la nature ne se soumet à la société
qu'à certaines conditions et que, à les connaître, on
éclaire, au lieu de le contrecarrer, le choix de buts sociaux. D'autre part, et à se borner aux buts, les diverses
finalités souhaitées peuvent être plus ou moins compa-
tibles ou contradictoires entre elles. » (*Psychologie et
pédagogie*, pp. 31-33.)

2 | L'étude psychologique des activités intellectuelles de l'enfant conduit à insister :

— a / *sur l'importance des facteurs « naturels ou spontanés »*
— b / *sur la similitude des développements ontogénétique et social*

▶ « Le développement de l'intelligence... relève de processus naturels ou spontanés, en ce sens qu'ils peuvent
être utilisés et accélérés par l'éducation familiale ou scolaire mais qu'ils n'en dérivent pas et constituent au
contraire la condition préalable et nécessaire de l'efficacité de tout enseignement...

« Le développement tient essentiellement aux activités
du sujet et, de l'action sensori-motrice aux opérations les
mieux intériorisées, le ressort en est constamment une
opérativité irréductible et spontanée. D'autre part cette
opérativité n'est ni préformée une fois pour toutes ni
explicable par les seuls apports extérieurs de l'expérience
ou de la transmission sociale : elle est le produit de cons-

tructions successives, et le facteur principal de ce constructivisme est une équilibration par autorégulations permettant de remédier aux incohérences momentanées, de résoudre les problèmes et de surmonter les crises ou les déséquilibres par une constante élaboration de structures nouvelles que l'école peut ignorer ou favoriser selon les méthodes employées. » (*Ibid.*, pp. 59, 66.)

▶ « L'explication du développement doit tenir compte de ces deux dimensions, l'une ontogénétique et l'autre sociale, au sens de la transmission du travail successif des générations, mais le problème se pose en des termes partiellement analogues dans les deux cas. » (*La psychologie de l'enfant*, p. 134.)

▶ « Les structures générales mentales et les structures générales sociales sont de formes identiques et témoignent donc d'une parenté de nature dont les racines sont sans doute en partie biologiques. » (*Epistémologie des sciences de l'homme*, p. 181.)

3 | Le rôle de l'éducation est d'ajuster aux valeurs et aux fins sociales les structures spontanées qui leur sont naturellement homogènes

▶ « Le problème central de l'enseignement des mathématiques est celui de l'ajustement réciproque des structures opératoires spontanées propres à l'intelligence et du programme ou des méthodes relatifs aux domaines mathématiques enseignés. Or ce problème s'est profondément modifié en ces dernières décades à cause des transformations des mathématiques elles-mêmes : par un processus en apparence paradoxal, mais psychologiquement naturel et fort explicable, les structures plus abstraites et plus générales des mathématiques contemporaines rejoignent bien davantage les structures opératoires naturelles de l'intelligence et de la pensée que ne le faisaient les structures particulières qui constituaient l'armature des mathématiques classiques et de l'enseignement. » (*Psychologie et pédagogie*, p. 70.)

▶ « L'affectivité, d'abord centrée sur les complexes familiaux, élargit son clavier au fur et à mesure de la multiplication des rapports sociaux, et les sentiments moraux, d'abord liés à une autorité sacrée, mais qui en tant qu'extérieure ne parvient à aboutir qu'à une obéissance relative, évoluent dans le sens d'un respect mutuel et d'une réciprocité dont les effets de décentration sont en nos sociétés, plus profonds et durables. » (*La psychologie de l'enfant*, p. 102.)

5 / Les finalités éducatives fournies par la prospective

Détermination positive de la nature et de la culture : les finalités éducatives fournies par la prospective[1].

— *Le futur se décide aujourd'hui*

▶ « D'où la nécessité d'une réflexion prospective, et plus les changements exigeront du temps, moins il faut tarder à les amorcer. » (Bertrand SCHWARTZ, *L'éducation demain*, p. 27.)

---

1. Le désir de donner un aperçu à la fois cohérent et concret de l'orientation prospective, sans malheureusement pouvoir lui réserver ici une place plus importante, a interdit la reproduction d'un texte suivi. Ce qui est bien regrettable.
Sur les tenants et les aboutissants historiques de cette attitude, ses rapports avec le Conseil de l'Europe et l'Unesco, ses conséquences sur l'orientation professionnelle, cf. M. REUCHLIN, *L'enseignement de l'an 2000*, P.U.F., 1973 (bibliographie).

— Le système de valeurs qui guide le projet

▶ « Définir un système de valeurs en vue d'un projet éducatif revient à dessiner le type d'homme que l'on veut former et la société dont cet homme est à la fois le produit et l'acteur.

« Quel type de société ? Pour créer un cadre commun aux différents projets inclus dans le plan Europe 2000, la Fondation européenne de la Culture a proposé un certain nombre d'images qui ont fait l'objet d'une publication : *L'Europe en l'an 2000*[1], images auxquelles nous nous sommes ralliés en inscrivant notre projet dans les perspectives ainsi tracées » (p. 31).

« Une société plus large et plus intégrée » (p. 31), « une société pluraliste » (p. 32), « une société égalitariste » (p. 32).

« Pour quel homme ? » « Un homme épanoui physiquement et intellectuellement... Epanoui nous l'entendons au sens où il a la pleine maîtrise de ses moyens » (p. 33). « Un homme autonome, créatif, mais inséré socialement » : « Tel est l'homme que notre projet entend aider à développer : maître de lui-même, ouvert à tous les échanges ; critique et non conformiste, mais solidaire ; inséré dans son époque mais, dans une certaine mesure, insatisfait et donc en quête de dépassement » (p. 35).

— Tendances lourdes et marges de choix (p. 37)

▶ « En matière de prospective, il est habituel, et d'ailleurs logique, de commencer par établir une liste des caractères du futur qui s'imposent avec le plus haut degré de probabilité. C'est ce que les spécialistes appellent les tendances lourdes, qui permettent de dessiner, dans ses grandes lignes, un futur fortement probable.

« ... Affirmons tout de suite notre conviction : ces tendances lourdes laissent place à l'intervention volon-

---

1. Fayard.

tariste. Autrement dit, nous reconnaissons des probabilités mais refusons qu'on les accepte comme des fatalités : ... nous affirmons au contraire que l'avenir sera très fortement orienté par les choix politiques qui seront faits à court et moyen terme » (p. 37).

« *Hypothèses centrales* » : « Nous supposerons avec l'ensemble des études de prospective générale du Plan Europe 2000 : que ce continent poursuivra son développement économique ; que le produit continental brut et, par conséquent, le revenu par tête d'habitant, s'élèveront régulièrement ; qu'on peut donc attendre une élévation progressive des niveaux de vie... que ce mouvement irréversible ne dépendra pas fondamentalement des formes politiques et structures sociales des Etats intéressés, ni de leur plus ou moins grande intégration à un ensemble européen.

« C'est dans le cadre de ces hypothèses, que nous explorons ici quelques tendances caractéristiques des sociétés européennes » (pp. 38-39) ; « la concentration des moyens de production » (p. 39) ; « la concentration des décisions » (p. 40) ; « la division croissante des tâches » ; « l'accroissement du temps disponible » (p. 42) ; « l'augmentation de la consommation des biens et services » (p. 44) ; « la profusion des informations » (p. 46) ; « la demande croissante d'éducation » (p. 47).

— *L'éducation permanente*

▶ « Il s'agit moins, sans doute, de nouveaux objectifs fixés à l'éducation que d'une conception d'ensemble — et, en ce sens, assez récente — des stratégies à mettre en œuvre pour atteindre ces objectifs. Nous la définirons ici comme l'intégration des actes éducatifs dans un véritable continuum dans le temps et l'espace par le jeu d'un ensemble de moyens (institutionnels, matériels, humains) qui rendent cette intégration possible » (p. 57).

SECTION III

ACCORDER RECHERCHE DU PLAISIR ET CONTRAINTES DE LA RÉALITÉ MATÉRIELLE ET SOCIALE

L'éducation consiste à accorder recherche du plaisir, qui régit le psychisme, et contraintes de la réalité matérielle et sociale (Freud et les Freudiens).

A / FREUD[1]

I / Opposition entre les instincts individuels et la civilisation

▶ « Le terme de civilisation[2] désigne la totalité des œuvres et des organisations dont l'institution nous éloigne de l'état animal de nos ancêtres et qui servent à deux fins : la protection de l'homme contre la nature et la réglementation des relations des hommes entre eux. » (*Malaise dans la civilisation*, p. 37.)

▶ « Toute culture[2] repose sur la contrainte au travail et le renoncement aux instincts. » (*L'avenir d'une illusion*, p. 15.)

---

1. Autrichien, 1856-1939.
2. En allemand : *Kultur*. « J'entends tout ce par quoi la vie humaine s'est élevée au-dessus des conditions animales... et je dédaigne de séparer la civilisation de la culture. » (*L'avenir d'une illusion*, p. 8.)

▶ « Chaque individu est virtuellement un ennemi de la civilisation, qui cependant est elle-même dans l'intérêt de l'humanité en général. Il est curieux que les hommes, qui savent si mal vivre dans l'isolement, se sentent cependant lourdement opprimés par les sacrifices que la civilisation attend d'eux afin de leur rendre possible la vie en commun. La civilisation doit ainsi être défendue contre l'individu, et son organisation, ses institutions et ses lois se mettent au service de cette tâche ; elles n'ont pas pour but unique d'instituer une certaine répartition des biens, mais encore de la maintenir, elles doivent de fait protéger contre les impulsions hostiles des hommes tout ce qui sert à maîtriser la nature et à produire les richesses. Les créations de l'homme sont aisées à détruire et la science et la technique, qui les ont édifiées, peuvent aussi servir à leur anéantissement. » (*L'avenir...*, p. 9.)

▶ « La société civilisée s'est vue obligée de fermer les yeux sur maintes dérogations que, fidèle à ses statuts, elle aurait dû poursuivre... La vie sexuelle de l'être civilisé est malgré tout gravement lésée. » (*Malaise...*, p. 57.)

▶ « Cette tendance à l'agression que nous pouvons déceler en nous-mêmes et dont nous supposons à bon droit l'existence chez autrui, constitue le facteur principal de perturbation dans nos rapports avec notre prochain ; c'est elle qui impose à la civilisation tant d'efforts. » (*Id.*, p. 65.)

2 | Opposition à l'intérieur de nous-mêmes du principe de plaisir et du principe de réalité

▶ « Selon toute apparence, l'ensemble de notre appareil psychique a pour but de nous procurer du plaisir et de nous faire éviter le déplaisir, il est régi automatiquement par le principe de plaisir. » (*Essais de psychanalyse*, p. 13.)

▶ « En présence de difficultés ayant leur source dans le monde extérieur, (l')affirmation pure et simple et en toutes circonstances (du principe de plaisir) se révèle comme impossible, comme dangereuse même pour la conservation de l'organisme. Sous l'influence de l'instinct de conservation du moi, le principe de plaisir s'efface et cède la place au principe de réalité qui fait que, sans renoncer au but final que constitue le plaisir, nous consentons à en différer la réalisation, à ne pas profiter de certaines possibilités qui s'offrent à nous de hâter cette réalisation, à supporter même, en faveur du long détour que nous empruntons pour arriver au plaisir, un déplaisir momentané. » (*Id.*, p. 14[1].)

3 | *L'éducation et ses difficultés ont leur origine dans ces oppositions*

▶ « Le but principal de toute éducation est d'apprendre à l'enfant à maîtriser ses instincts ; impossible, en effet, de lui laisser une liberté totale ; de l'autoriser à obéir sans contrainte à toutes ses impulsions... L'éducation doit donc inhiber, interdire, réprimer, et c'est à quoi elle s'est, de tout temps, amplement appliquée.

« Mais l'analyse nous a montré que cette répression des instincts était justement la cause des névroses. L'éducation doit donc trouver sa voie entre le Scylla du laisser-faire et le Charybde de l'interdiction. Si ce problème n'est pas insoluble, il convient de chercher « l'optimum »

---

1. Le rapport entre les principes de plaisir et de réalité ne va pas chez Freud sans ambiguïté :
— tantôt le principe de réalité dérive du principe de plaisir. (Cf. *Malaise...*, p. 20 : « Les hommes veulent être heureux et le rester. Cette aspiration a deux faces : un but négatif et un but positif : d'un côté éviter douleur et privation de joie, de l'autre rechercher de fortes jouissances. »)
— tantôt le principe de réalité existe séparément du principe de plaisir :
  a | inné (le texte ci-dessus le fait dépendre, au moins dans son actualisation, de l'instinct de conservation) ;
  b | provenant des facultés adaptatives du moi (cf. *Abrégé de psychanalyse (Abriss der Psychoanalyse)*, trad. fr., 1950, p. 74). Cette conception inspirera les néo-freudiens, tel Fromm ; cf. ci-dessous, pp. 85 à 87).

de cette éducation, c'est-à-dire la manière dont elle sera le plus profitable et le moins dangereuse. Il s'agira de décider de ce qu'il faut interdire, et ensuite à quel moment et par quel moyen doit intervenir cette interdiction.

« En outre, ne l'oublions pas, les divers sujets sur lesquels nous devons agir ont des prédispositions constitutionnelles différentes et le comportement de l'éducateur ne doit pas être le même envers tous les enfants.

« L'observation montre que, jusqu'à ce jour, l'éducation a rempli sa mission d'une manière très défectueuse, qu'elle a grandement nui aux enfants. Si son « optimum » peut être découvert, si elle parvient à réaliser idéalement son œuvre, alors seulement elle pourra espérer parvenir à annuler l'effet d'un des facteurs de la maladie : l'action des traumatismes accidentels de l'enfance. En ce qui concerne l'autre facteur : les exigences d'une indocile constitution pulsionnelle, jamais, au grand jamais, l'éducation n'arrivera à le supprimer. » (*Nouvelles conférences sur la psychanalyse*, pp. 196-197.)

4 | *Ce que la psychanalyse apporte à l'éducation*

▶ « Connaître les particularités constitutionnelles de l'enfant, savoir deviner, grâce à de petits indices, ce qui se passe dans son âme encore inachevée, lui témoigner sans excès l'amour qui lui est dû tout en conservant l'autorité nécessaire, telle est la tâche malaisée qui s'impose à l'éducateur, et, en l'envisageant, on se dit que seule l'étude approfondie de la psychanalyse est capable de constituer une préparation suffisante à l'exercice d'une pareille profession. Le mieux est que l'éducateur ait lui-même subi une analyse car, sans expérience personnelle, il n'est pas possible de s'assimiler l'analyse. » (*Id.*, p. 197.)

▶ « Je n'ai personnellement en rien contribué à l'application de l'analyse à la pédagogie mais il était naturel que les constatations analytiques relatives à la vie sexuelle et au développement psychique des enfants attirassent l'attention des éducateurs et leur fissent envisager leur tâche sous un nouveau jour, une conséquence pratique importante a résulté de l'emploi de l'analyse en matière d'éducation, préventive en ce qui regarde l'enfant sain, corrective en ce qui touche à l'enfant non encore névrosé, mais déjà dévié dans son développement. Il n'est plus possible de réserver aux médecins le monopole de l'exercice de la psychanalyse et d'en exclure les non-médecins. » (*Ma vie et la psychanalyse*, p. 86.)[1]

B / REICH[2]

1 | Sexualité

▶ « La vie végétative de l'homme, qu'il a en commun avec toute la nature vivante, l'incite au développement, à l'activité et au plaisir, à la fuite du déplaisir ; elle s'éprouve sous la forme d'entraînements et de pulsions. » *(La révolution sexuelle.)*

▶ « Il n'y a de congénital qu'une plus ou moins grande quantité d'énergie végétative.

« C'est l'énergie sexuelle qui gouverne la structure de

---

1. La psychanalyse se propose évidemment comme une thérapeutique des névroses enfantines. Il est arrivé à FREUD de l'utiliser à cette fin (cf. l'analyse du petit Hans, in *Cinq psychanalyses*, trad. Marie BONAPARTE et LŒWENSTEIN, Presses Universitaires de France, 1954). Pratiquée, depuis lors, systématiquement, la psychanalyse des enfants donne lieu à discussions, par exemple en ce qui concerne les secours qu'elle peut attendre de l'éducation. Anna FREUD pense que l'analyse enfantine est originale et que l'éducation lui fournira éventuellement une aide (*Le traitement psychanalytique des enfants*, trad. ROCHAT et BERMAN, Presses Universitaires de France, 3ᵉ éd., 1975, p. 84, 87, 88). Melanie KLEIN conteste cette opinion (*La psychanalyse des enfants*, trad. BOULANGER, Presses Universitaires de France, 4ᵉ éd., 1975, cf. p. 12 : « dans la mesure où l'on s'abstient de toute intervention de caractère pédagogique, l'analyse, loin d'affaiblir le moi de l'enfant, le renforce ».)

2. Autrichien, puis Américain, 1897-1957.

l'affectivité et de la pensée humaine. La « sexualité » (sous son aspect physiologique de fonction parasympathique) est l'énergie vitale *per se.* » (*Id.*, p. 31.)

2 | *Culture et éducation freudiennes :*
liaison du refoulement, du patriarcat,
du conservatisme économique

▶ « Le point de vue freudien en philosophie de la culture a toujours été que la culture doit son existence au refoulement de l'instinct et au renoncement à l'instinct. L'idée de base est que les réalisations de la culture sont l'effet d'une sublimation de l'énergie sexuelle ; il s'ensuit logiquement que la répression et le refoulement sexuels sont un facteur indispensable du processus culturel. Cette formulation est incorrecte pour des raisons historiques évidentes : il existe des sociétés d'une haute culture qui ne pratiquent aucune répression sexuelle et ont une vie sexuelle entièrement libre.

« Ce qui est vrai dans cette théorie, c'est simplement que la répression crée la base psychologique collective d'une certaine culture, à savoir la culture patriarcale sous ses différentes formes. Ce qui est inexact, c'est l'affirmation que la répression sexuelle est au fondement de la culture en général.

« Le principal lieu d'incubation de l'atmosphère idéologique du conservatisme, c'est la famille autoritaire. Son prototype est le triangle : père, mère, enfant. Alors que les théories conservatrices font de la famille la base, la « cellule » de la société humaine, l'étude de ses variations au cours de l'histoire et de ses fonctions sociales permanentes révèle qu'elle est le résultat de constellations économiques déterminées. » (*Id.*, p. 131.)

▶ « Economiquement, le mariage trouve sa raison d'être dans ce qui fut son substrat dès l'origine, à savoir la propriété privée des moyens de production. Cela veut dire que le mariage est socialement nécessaire tant que persistent ces conditions économiques. » (*Id.*, p. 206.)

▶ (La famille) « constitue l'appareil d'éducation par lequel tout individu de notre société doit passer dès son premier souffle. Elle forme l'enfant dans l'idéologie réactionnaire non seulement par l'autorité qui y est institutionalisée mais par la vertu de sa structure propre ; elle est la courroie de transmission entre la structure économique de la société conservatoire et sa superstructure idéologique : de plus, par sa forme sexuelle, structure particulière sur laquelle repose son existence et qu'elle entretient, elle exerce une action conservatrice directe sur la sexualité de l'enfant. » (*Id.*, p. 132.) « La répression des besoins sexuels provoque l'anémie intellectuelle et émotionnelle générale et, en particulier, le manque d'indépendance, de volonté et d'esprit critique. » (*Id.*, p. 140.)

3 | *Vers une autre culture et une autre éducation par la révolution*

▶ « Les forces naturelles de l'homme finiront par triompher dans l'unité de la nature et de la culture. Tout nous indique que la vie se révolte contre les formes oppressives auxquelles elle a dû se plier. La lutte pour la « nouvelle forme de vie » ne fait que commencer sous la forme d'abord inévitable d'une grave désorganisation matérielle et psychique de la vie individuelle et sociale. » (*Id.*, p. 377.)

▶ « La question de l'orientation de l'activité motrice infantile nous conduit au centre du problème de l'éducation. La tâche d'un mouvement révolutionnaire est, d'une façon générale, de libérer et de satisfaire les besoins végétatifs auparavant réprimés. C'est là le sens véritable du socialisme. » (*Id.*, p. 340.)

► (Le jardin d'enfants de Véra Schmidt)[1] « était entièrement orienté dans le sens d'une affirmation de la sexualité infantile ». (*Id.*, p. 342.)

► « Les enfants ne savaient pas que leurs impulsions sexuelles pouvaient être jugées différemment de leurs autres besoins corporels. Ils les satisfaisaient donc sans honte en présence des éducatrices tout comme la faim et la soif. Cela évitait le besoin de secret, augmentait la confiance de l'enfant dans les éducatrices, favorisait leur adaptation au réel, fournissant ainsi une base solide pour le développement général. » (*Id.*, p. 345.)

C / NEILL[2]

1 | But de la vie : la poursuite du bonheur
   Echec de la culture
   Echec d'une éducation contraignante

► « Je professe l'opinion que le but de la vie c'est la poursuite du bonheur, c'est-à-dire la recherche d'un intérêt. L'éducation devrait être une préparation pour la vie. Notre culture, dans ce domaine, a échoué. Notre éducation, notre politique et notre économie ne nous mènent qu'à la guerre. Notre médecine n'a pas évincé la maladie. Notre religion n'a pas aboli l'usure et le vol. En dépit de nos prétentions à l'humanitarisme, l'opinion

---

1. Educatrice soviétique.
2. Anglais, 1883-1973. On pourrait faire de Neill un partisan des écoles nouvelles. Lui-même se considère comme tel. Mais, dans la liberté que ses conceptions et ses méthodes éducatives accordent à l'enfant, il ne connaît pas les limites que s'assignent les théoriciens des écoles nouvelles. L'importance qu'il prête à la sexualité, sa vision du monde et de la société le rendent, il le proclame, bien proche de Reich. L'en séparent :
1 / un souci moins vif et moins ample des choses philosophiques, politiques et sociales ;
2 / la crainte de provoquer la fermeture de Summerhill en appliquant sans frein les thèses de Reich.

publique admet encore le sport barbare de la chasse. Les progrès de notre ère ne sont que des progrès en mécanique — la radio, la télévision, l'électronique, les avions à réaction. De nouvelles guerres mondiales nous menacent parce que la conscience du monde est encore primitive. » (*Libres enfants de Summerhill*, p. 38.)

▶ « Nous sommes anti-vie et pro-mort quand nous faisons le jeu des politiciens, des mercantis et des exploiteurs. Nous faisons leur jeu parce qu'on nous a appris à rechercher la vie d'une façon négative, nous adaptant humblement à une société autoritaire et nous apprêtant à mourir pour les idéaux de nos maîtres...

« Des parents pro-vie ne pourraient pas donner mauvaise conscience à leurs enfants au sujet de la sexualité, pas plus qu'ils ne pourraient les instruire systématiquement de l'existence de Dieu, des bonnes manières ou d'une bonne conduite. Des parents pro-vie ne frapperaient pas leurs enfants. Des citoyens pro-vie ne toléreraient pas notre code pénal, nos méthodes d'exécution, les peines infligées aux homosexuels, notre attitude envers la bâtardise. Aucune personne pro-vie ne pourrait s'asseoir dans une église et se réclamer du titre de misérable pêcheur.

« ... En somme, être pro-vie, c'est aimer l'amusement, les jeux, l'amour, le travail intéressant, les violons d'Ingres, le rire, la musique, la danse, la considération pour les autres et la foi en l'homme. Etre anti-vie, c'est aimer le devoir, l'obéissance, le profit et le pouvoir. » (*Id.*, pp. 297-298.)

▶ « Un enfant difficile est un enfant qui est malheureux. Il est en guerre contre lui-même et par contrecoup avec le monde entier. L'adulte heureux est logé à la même enseigne. Jamais un homme heureux n'a troublé la paix d'une réunion, prêché une guerre ou lynché un Noir. Aucune femme heureuse n'a jamais cherché noise à son mari ou à ses enfants. Jamais un homme heureux n'a

commis un meurtre ou un vol. Jamais un patron heureux
n'a fait peur à ses employés.

« Tous les crimes, toutes les haines, toutes les guerres
peuvent être ramenés au mal de l'âme. Je m'efforcerai,
dans cet ouvrage, de montrer comment ce mal prend
racine, comment il détruit des vies humaines et comment,
par une éducation saine, on peut l'enrayer. » (*Id.*,
pp. 17-18.)

2 | *L'épanouissement de la personnalité,*
but de l'éducation, et la liberté de l'enfant

▶ « Je vous le demande, que peuvent nous apporter des
discussions sur le français, l'histoire ancienne, ou Dieu
sait quoi encore, alors que de tels sujets ne valent pas un
iota, comparés au domaine plus large de l'accomplissement naturel de la vie, de l'épanouissement du cœur
humain ? » (*Id.*, p. 39.)

▶ « Je soutiens qu'une éducation répressive ne peut avoir
pour résultat qu'une vie qui n'est pas vécue pleinement.
Cette éducation ignore presque entièrement les émotions
humaines et parce que les émotions ont un dynamisme
propre, le fait qu'elles ne peuvent être exprimées aboutit
à la médiocrité, la laideur, la haine. Seule la tête est
éduquée. Si les émotions pouvaient véritablement être
libérées, l'intellect suivrait. » (*Id.*, p. 101.)

▶ « L'argument habituel contre la liberté des enfants est
celui-ci : la vie est dure et nous devons élever nos enfants
de façon à ce que, plus tard, ils s'adaptent à cette vie.
Par conséquent il faut les discipliner. Si nous leur permettons de faire ce qui leur plaît, comment pourront-
ils accepter les directives d'un patron ? Comment pour-
ront-ils rivaliser avec les autres qui auront connu la
discipline ?...

« Ceux qui refusent d'accorder la liberté aux enfants
ne réalisent pas qu'au départ leur supposition qu'un

enfant ne se développera pas, à moins qu'on l'y oblige, ne repose sur aucune base solide et n'a jamais été prouvée. » (*Id.*, p. 108.)

▶ « Une des questions que posent le plus fréquemment nos visiteurs est celle-ci : « L'élève ne se retournera-t-il « pas un jour contre vous pour blâmer votre école de ne « pas l'avoir forcé à apprendre les mathématiques ou « la musique ? » Je réponds généralement que rien n'empêchera jamais un jeune Einstein de devenir Einstein, ni un jeune Beethoven de devenir Beethoven. Le rôle de l'enfant, c'est de vivre sa vie propre, et non celle qu'envisagent ses parents anxieux, ni celle que proposent les éducateurs comme la meilleure. » (*Id.*, p. 28.)

▶ « L'autodétermination, en matière d'éducation, a une valeur infinie. » (*Id.*, p. 59.)

▶ « A Summerhill, nous avons prouvé que l'autodétermination réussit. En fait une école dans laquelle on ne la pratique pas ne peut se réclamer du droit à s'appeler une école nouvelle. C'est une école de compromis. On ne peut pas parler de liberté tant que les enfants ne se sentent pas libres de décider de leur vie sociale. Où il y a un patron, il n'y a pas de liberté. » (*Id.*, p. 60.)

▶ « L'autonomie infantile, c'est le droit d'un bébé à vivre librement, sans contrainte extérieure en ce qui concerne ses activités psychiques et somatiques. Cela veut dire que Bébé mange quand il a faim, qu'il devient propre quand il en ressent le besoin, qu'il n'est ni grondé ni fessé, qu'il est toujours aimé et protégé. » (*Id.*, p. 105.)

▶ « Il n'existe pas de liberté absolue. Quiconque permet à un enfant de faire tout ce qui lui plaît est sur une voie dangereuse. Personne ne peut avoir une liberté totale car les droits des autres doivent être respectés. Mais chacun devrait avoir la liberté individuelle.

« Pour être plus concret, je dirai que personne n'a le droit de forcer un enfant à étudier le latin parce que l'étude est une question de choix individuel ; mais si, dans la classe de latin, l'enfant s'amuse tout le temps, on devrait l'en éjecter parce qu'il interfère avec la liberté des autres. » (*Id.,* p. 307.)

▶ « Si un enfant fait quelque chose de dangereux, à Summerhill, le laissez-vous faire ? Bien sûr que non. Les gens trop souvent ne comprennent pas que la liberté ne permet pas à un enfant de se conduire sottement. Nous ne permettons pas à nos très jeunes élèves de décider de l'heure de leur coucher. Nous les protégeons contre le danger que présentent les machines, les automobiles, les morceaux de verre brisé, les eaux où ils n'ont pas pied. Vous ne devez jamais donner à un enfant une responsabilité pour laquelle il n'est pas prêt. Mais rappelez-vous que la moitié des dangers auxquels les enfants s'exposent sont dus à une mauvaise éducation. L'enfant qui joue dangereusement avec le feu est un enfant qu'on n'a pas informé du danger réel du feu. » (*Id.,* pp. 301-302.)

3 | *Limites de Summerhill*

▶ « Tout ce que je peux dire, c'est que je ne fais pas de prosélytisme actif pour la société. Je ne peux que convaincre cette société qu'elle doit se débarrasser de sa haine, de son masochisme, de son mysticisme. Je peux écrire et dire ce que je pense de la société, mais si j'essayais de la réformer activement, elle m'exécuterait comme un danger public.

« Si par exemple j'essayais de former une société dans laquelle les adolescents seraient libres de vivre leur vie sexuelle naturellement, je serais condamné, sinon emprisonné, comme corrupteur de la jeunesse. Ayant horreur des compromis, je suis pourtant dans l'obligation ici d'en faire un et de comprendre que ma destinée n'est pas de réformer la société, mais d'apporter le bonheur à un tout petit nombre d'enfants. » (*Id.,* p. 37.)

D / MARCUSE[1]

1 | Contre la surrépression et l'exploitation de l'homme

▶ « Alors que n'importe quelle forme du principe de réalité exige déjà un contrôle répressif extrêmement étendu et intense sur les instincts, les institutions historiques, spécifiques du principe de réalité et les intérêts spécifiques de la domination[2] introduisent des contrôles additionnels par-dessus ceux qui sont indispensables à toute association humaine civilisée. Ces contrôles additionnels, naissant des institutions spécifiques de la domination, sont ce que nous appelons sur-répression. » (*Eros et civilisation*, p. 44.)

▶ « L'être est essentiellement le penchant au plaisir, la volonté de plaisir. Ce penchant devient un but pour l'existence humaine : la pulsion érotique, tendant à combiner la substance vivante en unités[3] toujours plus vastes et plus durables, est la source instinctuelle de la civilisation. Les instincts sexuels sont des instincts de vie : la pulsion tendant à préserver et à enrichir la vie, grâce à la maîtrise de la nature, en fonction des besoins vitaux croissants, est à l'origine une pulsion érotique. » (*Id.*, p. 114.)

▶ « La véritable tendance des pulsions de vie est de donner à l'existence plus d'unité et de valeur ; sublimées de façon non répressive, elles pourraient fournir l'énergie libidinale nécessaire à la construction d'une réalité où une exploitation ne rendrait plus nécessaire la répression du principe de plaisir. » (*Vers la libération*, p. 168.)

1. Allemand, puis Américain. Né en 1898.
2. La domination est, pour Marcuse, l'exercice de l'autorité politique. Elle sert en fait, selon lui, l'intérêt de groupes ou d'individus.
3. Il s'agit, évidemment, d'unités sociales.

2 | « *Une éducation en vue de la contestation* »

▶ « N'est-ce pas l'essence même d'une société démocratique que de permettre à ces nouveaux besoins et à ces nouvelles aspirations de se manifester même si leur développement risque d'exiger de nouvelles institutions sociales ? Telle est la tâche fondamentale de l'éducation. » (*Pour une théorie critique de la société*, p. 188, 198.)

▶ « Les revendications pour une réforme structurale du système d'enseignement... cherchent à contrebalancer l'influence d'un enseignement dont la neutralité est toujours décevante, et qui prend même parfois ouvertement la défense de l'ordre établi ; et elles doivent fournir aux étudiants les instruments conceptuels dont ils auront besoin pour développer une critique solide et approfondie de la culture matérielle et intellectuelle. En même temps, elles doivent abolir le caractère de classe de l'enseignement. Ces changements permettraient de s'étendre et de s'amplifier à une conscience capable de révéler les traits hideux de la société d'abondance en déchirant le voile technologique et idéologique qui les masque. » (*Vers la libération*, p. 116-117.)

3 | *Education progressiste et* Humanitas

▶ « Une éducation progressiste qui créerait le climat intellectuel favorable à l'apparition des besoins individuels nouveaux entrerait en conflit avec beaucoup de pouvoirs, publics et privés, qui financent aujourd'hui l'éducation. Une transformation qualitative de l'éducation est une transformation qualitative de la société, et il y a peu de chances qu'une telle transformation puisse être organisée et introduite par voie administrative ; l'éducation reste sa condition préalable. La contradiction est réelle : la société existante doit offrir la possibilité d'une éducation en vue d'une société meilleure et une telle éducation peut constituer une menace pour la société existante...

« Kant a fixé comme but à l'éducation celui d'élever les enfants en conformité non pas avec l'état présent mais avec un état futur, meilleur, de l'espèce humaine, à savoir en conformité avec l'idée d'*humanitas*. Ce but implique aujourd'hui encore le bouleversement de la condition présente de l'homme. » (*Pour une théorie critique*, p. 199-200.)

▶ « Une telle éducation aurait aussi pour objet une transvaluation fondamentale des valeurs : elle requerrait la démystification de tout héroïsme au service de l'inhumanité ; du sport et des divertissements au service de la brutalité et de la stupidité ; de la foi en la nécessité de la lutte pour la vie et en la nécessité des affaires. Ces finalités éducatives sont à coup sûr négatives, mais la négation est le travail et la manifestation du positif... Cette destruction serait la première manifestation de l'autonomie et de la créativité nouvelles : l'apparition de l'individu libre dans la société nouvelle. » (*Id.*, p. 201.)

E / FROMM[1] ET LES NÉO-FREUDIENS

1 | Bonheur = productivité = développement des « possibilités » propres

▶ « L'incertitude est la condition même qui astreint l'homme à développer ses pouvoirs. S'il regarde la vérité en face et sans frayeur, l'homme reconnaîtra que la vie n'a de sens que celui que chacun lui donne en développant ses possibilités, en vivant de façon productive... Alors il sera lui-même, pour lui-même, il obtiendra le bonheur par le plein épanouissement de ses facultés propres : raison, amour et créativité. » (*L'homme pour lui-même*, p. 42.)

1. Allemand, puis Américain.

▶ « La liberté, la sécurité économique et l'agrément d'une société dans laquelle le travail peut exprimer vraiment le jeu des facultés humaines : tels sont les facteurs qui conduisent à l'épanouissement authentique des potentialités de l'homme. » (*Id.*, p. 87.)

**2 | *Différence avec Freud :
les « possibilités » sont fonction
de la relation au monde***

▶ « Ce qui diffère ici de la théorie proposée par Freud, c'est que le fondement du caractère n'est pas regardé comme un ensemble de types divers de l'organisation de la libido mais comme un mode spécifique de la relation de l'individu au monde. Dans le processus de la vie, l'homme se relie au monde en acquérant des choses qu'il assimile, en se reliant lui-même aux autres et à sa propre personne. J'appellerai processus d'assimilation la première opération et la seconde processus de socialisation. » (*Id.*, p. 52.)

**3 | *L'éducation assure cette relation au monde
pour autant qu'elle est socialisation***

▶ « Le second facteur contribuant au processus d'évolution agit de l'extérieur sur l'individu. Ce sont les règles sociales, qui sont transmises avec le plus de force par le processus éducatif. » (*La caractérologie psychanalytique et sa signification pour la psychologie sociale*, p. 191.)

▶ (Il faut) « comprendre l'éducation dans le contexte de la structure sociale où elle constitue un des plus essentiels mécanismes de transmission d'une nécessité sociale à des traits de caractère ». (*Psychoanalytic characterology and its application to the understanding of culture*, p. 9.)

4 | *L'éducation a essentiellement pour rôle*
d'engendrer le caractère exigé par la société

▶ « Les méthodes éducatives n'ont d'autre signification que celle d'un mécanisme de transmission et on ne les entendra correctement qu'à la condition de comprendre d'abord quelles sortes de personnalités sont désirables et nécessaires pour des cultures données. »

« L'application de la psychanalyse à la culture est grandement favorisée par la révision de la théorie freudienne de la libido. Si la formation du caractère a pour cause l'action de l'environnement sur la sexualité prégénitale, les méthodes éducatives sont la *prima causa* du caractère social. » (*Id.*, pp. 5-6.)

SECTION IV

FACILITER L'APPRENTISSAGE, CONDITION DE L'ÉPANOUISSEMENT PERSONNEL

Un être non contraint trouve dans son épanouissement les valeurs qu'il exige et qui lui sont communes avec les autres. L'apprentissage, facteur d'épanouissement, doit échapper à la contrainte.

A / ROGERS[1]

1 | « La notion de tendance actualisante (Growth)[2] est le postulat fondamental de notre théorie »

▶ « Cette notion correspond à la proposition suivante : tout organisme est animé d'une tendance inhérente à développer toutes ses potentialités et à les développer de manière à favoriser sa conservation et son enrichissement[3].

« Précisons que la tendance actualisante ne vise pas seulement... au maintien des conditions élémentaires de subsistance telles que les besoins d'air, de nourriture, etc. Elle préside également à des activités plus complexes et plus évoluées telles que la différenciation croissante des

---

1. Américain, né en 1902.
2. Il serait sans doute préférable de suivre MAX PAGÈS (*L'orientation directive en psychothérapie et en psychologie sociale*, Dunod, 1965, p. 15) et de traduire *growth* par développement ou maturation.
3. « L'organisme, pour Rogers, est conçu comme une totalité qui interagit comme un tout, une gestalt, avec l'environnement. Il ne peut être analysé en entités fixes dont il serait la combinaison, qu'il s'agisse d'instincts, de réflexes, de besoins. Cela ne veut pas dire, certes, qu'il ne soit pas différencié et qu'on ne puisse y distinguer des structures particulières, dont certaines correspondent à des moti-

organes et fonctions : le rehaussement de l'être par voie d'apprentissages d'ordre intellectuel, social, pratique ; l'extension de ses capacités et de son efficacité par la création d'outils et de techniques ; le prolongement et l'enrichissement de l'individu par voie de reproduction. « L'opération de la tendance actualisante a pour effet de diriger le développement de l' « organisme » dans le sens de l'autonomie et de l'unité, c'est-à-dire dans un sens opposé à celui de l'hétéronomie qui résulte de la soumission aux vicissitudes de l'action des forces extérieures. Notre définition de la tendance actualisante et celle que Angyal donne de la vie sont pratiquement identiques : « La vie est un processus autonome qui se joue « entre l'organisme et le milieu. Ce processus ne vise pas « simplement à préserver la vie. Il tend sans cesse à « dépasser le *statu quo* de l'organisme. La tendance à « l'expansion de l'organisme est continue et impose sa « détermination autonome à un domaine toujours crois « sant d'événements. » » (ROGERS et KINGET, *Psychothérapie et relations humaines*, pp. 172-173[1].)

▶ (Le moi est) « une structure d'expériences disponibles à la conscience » (*id.*, p. 184). « Du fait que la tendance actualisante régit l'organisme tout entier, elle s'exprime également dans le secteur de l'expérience qui correspond

vations, mobilisent une énergie et peuvent de ce fait paraître douées d'autonomie. Aucune d'entre elles cependant ne sera vraiment autonome. Rogers reconnaît une seule motivation polymorphe à l'échelle de l'organisme total, qui est la tendance actualisante. » (PAGÈS, *id.*, p. 16.)

1. Sans prétendre confondre des attitudes très différentes, on peut noter l'importance du rôle joué par la notion de *growth* chez les néofreudiens (cf. Y. BRÈS, *Freud et la psychanalyse américaine : Karen Horney*, Vrin, 1970, pp. 185-192) et qui aboutit à une véritable « philosophie de la croissance », une « foi dans la croissance indéfinie de la personnalité humaine » (p. 194). De même la notion de créativité, si importante chez les néo-freudiens (pour Fromm, cf. *supra*, p. 85 ; pour K. Horney, cf. BRÈS, pp. 202-216), ne l'est pas moins pour Rogers (cf. *infra*, pp. 91-92).

A la limite, le *growth* est présent dans toute théorie éducative (par exemple chez Dewey), puisqu'elle suppose un développement de l'enfant. Mais tel que le conçoivent les néo-freudiens et Rogers, à la structure du moi — structure qui se développe à mesure que l'organisme se différencie. Quand il y a accord entre le « moi » et l' « organisme », c'est-à-dire entre l'expérience du « moi » et l'expérience de « l'organisme » dans sa totalité, la tendance actualisante opère de manière relativement unifiée. Par contre, s'il y a conflit entre les données expérientielles relatives au moi et celles relatives à l'organisme, la tendance à l'actualisation de l'organisme peut aller à l'encontre de la tendance à l'actualisation du moi. » (*Id.*, p. 173-174.)

2 | *La fin de l'existence*

▶ *Comment la connaître* « J'ai commencé cet exposé par la question que se pose tout individu : « Quel est le « but, quelle est la fin de mon existence ? »

« J'ai voulu vous faire part de ce que m'ont appris mes clients qui, pendant leur traitement[1], libérés de toute menace et libres de choisir, montrent une similitude de but et de direction dans leur vie... Ils ont tendance à ne plus rien se cacher à eux-mêmes et à s'écarter de ce que les autres attendent d'eux. » (*Le développement de la personne*, p. 136.)

▶ « Quel est donc le point final de la psychothérapie idéale ou de la maturité psychologique maximale ? J'essaierai de répondre à cette question d'une manière personnelle en fondant ma réflexion sur la connaissance

le *growth* n'est pas l'accomplissement plus ou moins pointilliste d'intérêts ou de tendances multiples confrontés avec son milieu. Il est inséparable d'une visée, de la poursuite d'une norme, d'une sorte d'intention bio-psychologique.

A cet égard, le *growth* semble porter le sceau du romantisme allemand. On sait l'importance donnée par les romantiques à la « Vie ». Or Froebel, que leur influence a fortement marqué, « est peut-être », dit Dewey qui en expose les vues, « l'un des théoriciens de l'éducation moderne qui contribua le plus à faire admettre l'idée de croissance ». (*Démocratie et éducation*, 1916, trad. DELEDALLE, Colin, 1976, p. 81.)

1. Rogers est psychothérapeute.

que nous avons acquise de l'expérience clinique et de la recherche, mais en la poussant à la limite, de façon à mieux percevoir la sorte de personne qui devrait sortir de thérapie si celle-ci atteignait son maximum d'efficacité. » (*Liberté pour apprendre*, p. 280.)

▶ *En quoi elle consiste et quels sont ses aspects* « Je crois que la meilleure façon d'exposer ce but de la vie, telle que je la vois dans mes rapports avec mes clients, est d'employer le mot de Socren Kierkegaard : « Etre « vraiment soi-même. » » (*Développement...*, p. 124.)

▶ « ... librement vivre les expériences de son organisme tout entier, au lieu de leur fermer les portes de la conscience... L'essentiel est qu'il n'existe pas de barrières, pas d'inhibitions qui empêcheraient d'éprouver pleinement ce qui serait organismiquement présent. Et la disponibilité à la conscience est une exacte mesure de l'absence de barrières. » (*Liberté...*, p. 283.)

▶ « Une manière de vivre ainsi dans le présent signifie alors l'absence de rigidité ou d'organisation étriquée. Cela signifie aussi que l'on n'impose pas une structure extérieure à l'expérience vécue. Cela signifie, au contraire, un maximum d'adaptabilité... une organisation fluente, changeante du moi et de la personnalité. » (*Ibid.*, p. 284.) « C'est le comportement de la personne mal adapté qui peut être prédit de façon précise et une certaine perte de prédictibilité doit suivre tout gain dans la voie de l'ouverture à l'expérience et à une vie plus existentielle. Chez la personne mal adaptée, le comportement est prédictible précisément parce qu'il suit un modèle rigide. » (*Ibid.*, p. 293.)

▶ « La personne envisagée est quelqu'un de créatif... Par son ouverture sensible au monde, par sa confiance dans sa propre aptitude à former de nouvelles relations avec son environnement, elle serait le type de personne dont jailliraient les productions nouvelles et la vie créatrice... Elle constituerait l'avant-garde parfaitement adaptée, de l'évolution humaine. » (*Ibid.*, p. 290.)

3 | *Les valeurs*

▶ « *1* | Il existe dans l'être humain un fondement organismique qui rend possible la détermination des valeurs.

« *2* | Ce processus de détermination des valeurs contribue réellement à l'épanouissement personnel dans la mesure où l'être humain est ouvert à l'expérience qui se déroule en lui.

« *3* | Il y a chez les personnes qui deviennent plus ouvertes à leur expérience personnelle un commun dénominateur organismique dans le choix des valeurs.

« *4* | Cette orientation commune dans le choix des valeurs est telle qu'elle contribue au développement de la personne elle-même, au développement des autres au sein de la communauté et à la survie, ainsi qu'à l'évolution de l'espèce. » (*Ibid.*, pp. 250-252.)

4 | *But de l'éducation : faciliter l'apprentissage*

▶ « Je crois que nous nous trouvons confrontés à une situation entièrement nouvelle en matière d'enseignement : le but de l'enseignement, si nous voulons survivre, ne peut qu'être de faciliter le changement et l'apprentissage. Le seul individu formé, c'est celui qui a appris comment apprendre, comment s'adapter et changer, c'est celui qui a saisi qu'aucune connaissance n'est certaine et que seule la capacité d'acquérir des connaissances peut conduire à une sécurité fondée. La capacité de changer, la confiance dans une capacité plutôt que dans un savoir statique, tels sont, dans le monde moderne, les seuls objectifs que l'enseignement puisse s'assigner et qui aient un sens...

« Pour moi, faciliter l'apprentissage, c'est permettre à

chacun de trouver des réponses — constructives, provisoires, mouvantes et dynamiques — à certaines des inquiétudes les plus profondes qui préoccupent l'homme d'aujourd'hui. » (*Ibid.*, p. 102.)

B / LOBROT[1]

1 | Acceptation des vues de Rogers mais action sur les institutions.

▶ « Les dynamiciens de groupe[2] non seulement se désintéressent des phénomènes institutionnels qu'ils considèrent comme des épiphénomènes, mais encore ne mettent pas en question les institutions actuelles dans leur ensemble. Ils proposent en fait des formules phalanstériennes qui consistent certes à établir un nouveau rapport institutionnel, mais en dehors de tout le contexte institutionnel réel, en dehors de la société tout entière. » (*La pédagogie institutionnelle*, p. 201.)

2 | La « pédagogie institutionnelle »

▶ « Dans une telle pédagogie, que nous appellerons « pédagogie institutionnelle », le but premier n'est pas de permettre l'assimilation de telle ou telle connaissance, mais de faire émerger, à partir des intérêts existants, de véritables intérêts intellectuels qui pourront ultérieurement donner le désir de faire cette assimilation. » (*Id.*, p. 121.)

▶ « On ne peut faire comme si les institutions n'existaient pas ou n'avaient pas d'importance... Les enseignants qui ont perçu ces insuffisances ont donc nommé leur

---

1. Français.
2. Il s'agit des disciples de Rogers.

mouvement « pédagogie institutionnelle » pour bien montrer qu'ils voulaient s'attaquer aux institutions et créer de nouvelles institutions. » (*Id.*, p. 202.)

3 | *Comme on ne peut pas aisément bouleverser les structures...*

▶ « Certes, ils ne pouvaient remettre en question la gestion des établissements, ni *a fortiori*, celle de l' « Education nationale » puisqu'ils n'étaient pas des administrateurs mais des enseignants. C'est pourquoi ils ont choisi d'établir là où ils pouvaient, c'est-à-dire dans leurs classes, un nouveau rapport maître-élève permettant l'autogestion pédagogique de la classe. » (*Id.*, p. 203.)

2 Les méthodes éducatives

OBSERVATION PRÉALABLE

La méthode désigne, en éducation comme ailleurs, l'ensemble des démarches suivies, des moyens agencés pour parvenir à une fin.

Il semblerait donc qu'une classification des méthodes ne puisse ne pas reproduire une classification des fins. Ces raisons logiques seront même renforcées en pédagogie si l'on songe que la méthode n'a d'autre fonction que de réaliser les rapports idéaux de la nature et de la culture que pose une représentation de l'éducation.

Ce serait oublier que toute méthode fait appel, pour s'accomplir, à des procédés. On conçoit, dès lors, qu'un même procédé (l'imprimerie à l'école, par exemple) puisse être utilisé à des fins différentes, et qu'inversement des attitudes éducatives qui finalisent une même façon de concevoir les rapports de la nature et de la culture usent de procédés différents (diversité de points de vue dans le cadre de l' « éducation nouvelle »).

En outre, une orientation éducative n'est jamais monolithique. Certains marxistes exténuent au maximum la nature de l'enfant et sont portés à des méthodes rigoureuses. D'autres lui donnent beaucoup plus d'importance : les vues de Piaget sur la genèse des fonctions enfantines sont adoptées par nombre d'entre eux.

De là une sorte d'indépendance de la méthodologie à l'égard des fins éducatives — ou, si l'on préfère, une distinction entre la pédagogie et la théorie de l'éducation.

PREMIER TYPE DE MÉTHODES

NON-INTERVENTION DE L'ADULTE ET AUTODÉTERMINATION ENFANTINE

A / LE MAITRE-CAMARADE DANS LES « COMMUNAUTÉS SCOLAIRES » DE HAMBOURG

▶ « Dès le premier jour (les maîtres) annoncèrent à leurs élèves qu'il n'existait plus de punition ni d'autre sanction, qu'il ne serait pas question d'interdictions ou d'un règlement quelconque qui pourrait les gêner dans l'usage de leur pleine liberté. » (J. R. Schmid, *Le maître-camarade et la pédagogie libertaire*, p. 32.)

▶ « Les écoliers apprirent ainsi qu'ils ne pouvaient pas compter davantage sur les maîtres que sur eux-mêmes, que les maîtres ne songeaient nullement à imposer l'ordre, mais qu'ils l'attendaient des enfants eux-mêmes. Les élèves n'avaient donc qu'à s'en charger et ils le firent. Des assemblées générales furent convoquées, où les enfants se reprochèrent mutuellement le désordre et l'anarchie mais où ils tâchèrent aussi d'y remédier. On se promit de veiller à un meilleur ordre et d'exercer un contrôle mutuel ; dans quelques écoles on désigna un comité d'élèves qui fut muni de droits policiers et qui fut rendu responsable de la discipline à l'école. » (*Id.*, p. 34.)

▶ « Tout l'enseignement était fondé sur le travail collectif, sur le travail en groupe, tout effort individuel (recherches particulières, petites conférences, etc.) avait trait à la question qui occupait le groupe entier, était entrepris dans l'intérêt du travail en commun et était jugé de ce point de vue. Le travail manuel, de grande importance, est caractérisé par les rapports intimes qu'il avait avec la vie en commun. » (*Id.*, p. 37.)

▶ « Nous voulons enfin commencer à vivre fraternellement avec les enfants à l'école. Nous ne voulons pas seulement les instruire, pas seulement travailler avec eux ; nous voulons vivre avec eux en vrais camarades. » (Phrase d'un maître, in *Id.*, p. 40.)

▶ « Le signe extérieur de ces relations étroites était dans beaucoup de cas le tutoiement entre maîtres et élèves. » (*Id.*, p. 46.)

▶ « Quoique nos pédagogues aient accordé aux enfants une liberté presque sans bornes et transmis à la communauté leurs fonctions disciplinaires, ils ne restaient quand même pas du tout passifs. Comment cela leur fut-il possible sans contredire à leurs principes fondamentaux ? Grâce au fait que le maître ne restait justement pas en dehors de la communauté mais qu'il en faisait partie. La communauté, c'était, en effet, l'ensemble des élèves et des maîtres ; les éducateurs y participaient aussi bien que les enfants. » (*Id.*, pp. 38-39.)

▶ « Même en dehors des heures de classe, ces maîtres saisissaient toutes les occasions de rencontrer leurs élèves. » (*Id.*, p. 45.)

B / L'AUTODÉTERMINATION ENFANTINE
A SUMMERHILL

1 | Liberté, sans autorité ni obéissance

▶ « Summerhill marche très bien sans autorité et sans obéissance. Chaque individu est libre de faire ce qui lui plaît aussi longtemps qu'il ne viole pas la liberté des autres. Et cela est réalisable au sein de n'importe quelle communauté ou groupe.

« Dans un foyer où règne la liberté, il n'y a pas d'autorité à proprement parler. Cela veut dire qu'on n'y entend pas de voix tonitruante clamer : « Je le veux ! Vous « obéirez. » En pratique, bien sûr, il y a une autorité : on pourrait l'appeler tout aussi bien protection, affection, responsabilité adulte. Une telle autorité demande parfois de l'obéissance mais elle en accorde aussi. Ainsi je peux dire à ma fille : « Je te défends d'apporter de la terre dans « le salon. » Je ne dis rien de plus qu'elle lorsqu'elle me dit : « Papa, sors de ma chambre, je ne veux pas de toi « ici en ce moment. » Je lui obéis comme elle m'obéit. » (NEILL, *Libres enfants de Summerhill*, pp. 143-144.)

2 | La liberté d'apprendre — non la méthode

▶ « A quoi ressemble Summerhill ? Pour commencer, les cours y sont facultatifs. Les élèves peuvent les suivre ou ne pas les suivre, selon leur bon vouloir... Il existe un emploi du temps, mais il n'est là que pour les professeurs.

« Les cours respectent généralement l'âge des élèves, mais quelquefois aussi leurs intérêts. Nous n'avons pas de méthodes nouvelles parce que nous ne pensons pas que, dans l'ensemble, les méthodes d'enseignement soient très importantes en elles-mêmes. Il importe peu que telle école enseigne la division à plusieurs chiffres par telle méthode et qu'une autre l'enseigne par une méthode différente, car en définitive la division n'a aucune importance en elle-même que pour celui qui veut apprendre à la faire. Et l'enfant qui veut apprendre à faire une division l'apprendra quelle que soit la façon dont elle lui sera enseignée. » (*Id.*, pp. 22-23.)

3 | Liberté et sexualité

▶ « Les activités hétérosexuelles dans l'enfance sont, je crois, la voie royale qui mène à une vie sexuelle adulte équilibrée. Quand les enfants ne reçoivent pas une éducation morale en ce qui concerne la sexualité, ils atteignent une adolescence saine, pas une adolescence de promiscuité... La liberté sexuelle de l'adolescent est encore très limitée de nos jours. Pourtant, à mon avis, elle seule peut assurer la santé du monde de demain. J'ai le droit d'écrire cela, mais si demain, à Summerhill, j'approuvais ouvertement les relations sexuelles de mes élèves, mon école serait supprimée par les autorités. » (*Id.*, p. 188.)

▶ « A Summerhill, on laisse les garçons et les filles tranquilles. Les relations entre les deux sexes semblent y être très saines. Ni l'un ni l'autre des deux sexes ne grandira avec des illusions sur l'un ou sur l'autre. Ce n'est pas que Summerhill soit une grande famille... où tous les gentils petits enfants sont frères et sœurs. S'il en était ainsi, je me dresserais immédiatement à mort contre la mixité. » (*Id.*, p. 63.)

▶ « La question de la masturbation est extrêmement importante en éducation. Les matières académiques, la discipline et les jeux sont vains et futiles si le problème de la masturbation n'est pas résolu. La masturbation, libérée de l'idée de péché, permet à des enfants d'être contents, heureux, actifs et, en fait, pas très intéressés par la masturbation. La prohibition de la masturbation, par contre, donne des enfants tristes, malheureux, enclins aux rhumes et aux épidémies ; se détestant et, par conséquent, détestant les autres. Je pense qu'une des sources de bonheur à Summerhill, c'est la suppression de la crainte et de la haine du moi que causent les prohibitions sexuelles. » (*Id.*, p. 200.)

4 | *Liberté et autodétermination*

▶ « Summerhill a un gouvernement autonome, de forme démocratique. Tout ce qui a rapport à la vie du groupe, punitions incluses, est établi à la suite d'un vote qui a lieu au cours de l'assemblée générale du samedi. Chaque membre du personnel enseignant et chaque enfant, quel que soit son âge, ont une voix. Ma voix a la même valeur que celle d'un enfant de sept ans. » (*Id.*, p. 55.)

▶ « Cette loyauté des élèves de Summerhill envers leur propre démocratie est surprenante. Elle n'est causée ni par la peur, ni par le ressentiment. Il m'est arrivé de voir un élève jugé sévèrement pour un acte antisocial et, à l'issue de l'assemblée générale, être élu président pour la prochaine assemblée.

« Le sens inné de la justice chez les enfants ne cesse jamais de m'émerveiller. Et leur capacité d'organisation est énorme. » (*Id.*, p. 59.)

▶ « A Summerhill, les élèves se battraient à mort pour leur droit à l'autodétermination. A mon avis une assemblée générale hebdomadaire a plus de valeur qu'une semaine de travail académique. C'est une excellente plate-forme pour apprendre à parler en public et la plupart des enfants parlent bien et sans timidité...

« Je ne vois pas d'alternative à la démocratie de Summerhill. Elle est probablement plus juste que la démocratie politique car les enfants sont charitables les uns envers les autres et ils n'ont pratiquement pas de droits acquis. De plus c'est une démocratie plus honnête, car les lois sont établies au cours de réunions ouvertes à tous et la question de délégués élus avec un pouvoir absolu ne se pose pas. » (*Id.*, p. 62.)

SECOND TYPE DE MÉTHODES

LA NON-DIRECTIVITÉ (ROGERS)

« *Liberté pour apprendre* » : *elle est assurée au sein du groupe par des méthodes non directives.*

A / LE DÉSIR NATUREL D'APPRENDRE

▶ « Les êtres humains ont en eux une capacité naturelle d'apprendre. Ils sont curieux de connaître leur monde, tant que cette curiosité n'est pas émoussée par l'expérience qu'ils font de notre système d'enseignement... Ce potentiel et ce désir d'apprendre, de découvrir, d'élargir ses connaissances et son champ d'expérience, tout cela peut être libéré si certaines conditions favorables sont remplies. Il s'agit d'une tendance naturelle à laquelle on peut faire confiance, et toute l'approche que nous avons décrite est fondée sur le désir naturel d'apprendre de l'étudiant. » (*Liberté pour...*, p. 156.)

B / LE GROUPE

▶ « Un des moyens les plus efficaces que l'on ait jamais découvert pour faciliter l'apprentissage constructif, la maturation et le changement — que ce soit à titre individuel ou au sein d'organisations — c'est l'expérience du groupe intensif...

« Le groupe intensif, ou l' « atelier », réunit habituellement dix à quinze personnes, plus un facilitateur ou leader. L'expérience est relativement peu structurée, on y trouve un climat de liberté maximale pour l'expression personnelle, l'exploration des sentiments et la communication interpersonnelle. L'accent est mis sur les interactions entre les participants dans une atmosphère qui encourage chacun à laisser tomber ses défenses et ses masques et lui permet ainsi d'entrer en relation directe et ouverte avec les autres membres du « groupe de rencontre ». Les individus arrivent à se connaître eux-mêmes et entre eux plus complètement que ce n'est possible dans les relations sociales ou professionnelles habituelles. Le climat d'ouverture, d'acceptation de risques, de sincérité engendre la confiance qui permet à la personne de reconnaître et de modifier les attitudes qu'elle prend et qui lui font du tort, qui permet aussi de vérifier et d'adopter des comportements nouveaux et plus constructifs, et par conséquent d'avoir dans la vie quotidienne de meilleures relations avec autrui, et plus efficaces. » (*Id.*, p. 304.)

C / LE FACILITATEUR ET LA RELATION PÉDAGOGIQUE

▶ « Lors que le professeur s'attache à créer un climat de facilitation, il y a toute une série de méthodes traditionnelles qu'il n'emploie pas... Il n'impose pas de travaux. Il n'impose pas de lectures. Il ne fait pas d'exposé ni de leçon (à moins qu'on ne le lui demande). Il ne porte pas d'évaluation, ne critique pas, à moins que l'étudiant ne demande son opinion sur son travail. Il n'impose pas de passer des examens. Il ne prend pas seul la responsabilité de la note finale.

« Cette brève énumération fera peut-être apparaître clairement que le facilitateur n'est pas un enseignant et qu'il ne fait pas simplement semblant de se rallier à une autre matière d'apprentissage. Il donne vraiment à ses étudiants l'occasion d'apprendre à être responsables de leur liberté. » (*Id.*, pp. 143-144.)

▶ « La qualité essentielle et fondamentale qui est requise pour faciliter un apprentissage est peut-être la congruence ou l'authenticité. Lorsque le « facilitateur » se trouve être une personne vraie, qui est authentiquement elle-même, et qui entre en relation sans masque ni façade avec celui qui apprend, il y a beaucoup de chances que son action soit efficace. Cela implique que les sentiments qui s'agitent en lui peuvent remonter à la surface de sa conscience et qu'il est capable de vivre ces sentiments, d'être ces sentiments, et aussi qu'il est à même d'en faire part s'il y a lieu. Cela signifie qu'il rencontre personnellement l'élève sur la base d'une relation directe de personne à personne. Cela signifie qu'il est lui-même, qu'il ne se renie pas. » (*Id.*, p. 104[1].)

1. La non-directivité est évidemment nuancée dans ses applications en fonction du « facilitateur », de l'âge des enseignés, de leur nationalité. Ex. de son application en France : G. Ferry l'a utilisée dans des classes préparatoires au professorat d'éducation physique (*La pratique du travail en groupe : une expérience de formation d'enseignants*, Paris, Dunod, 1970) ; D. Hameline et M.-J. Dardelin dans des classes terminales de philosophie (*La liberté d'apprendre*, Ed. Ouvrières, 1967) ; M. Lobrot dans des classes primaires et il l'a conçue comme autogestion (« Le modèle qui nous guidera... est celui de l'autogestion... Nous entendons par là... un processus... consistant dans le fait qu'un groupe refuse de se laisser enlever le droit de décider de ce qui le regarde mais, au contraire, prend en charge sa propre direction et sa vie. ») (*Op. cit.*, p. 123.)

Il semble utile de distinguer, comme on vient de le faire, méthodes de non-intervention et méthodes de non-directivité, généralement confondues :

a / Le groupement à l'intérieur duquel s'expriment les premières ne poursuit pas les mêmes finalités que le « groupe » qui accepte les secondes. Il ne se préoccupe pas de thérapie, ni ne se constitue par référence à des institutions (programmes, examens...) acceptées pour des raisons pragmatiques. L'autodétermination se suffit à elle-même ; elle ne poursuit qu'elle-même.

b / le « facilitateur » ne donne pas de cours ; il ne fait pas de leçons. Il demeure pourtant un « leader ». Il assume des responsabilités et des charges, quand il ne se proposerait que de permettre à chacun d'être vraiment lui-même. Il ne dirige pas le groupe, mais le groupe a besoin de lui parce qu'il permet au groupe d'exister, à ses membres de se connaître dans leurs profondeurs. Le maître de Hambourg ou celui de Summerhill met, comme le facilitateur, son enseignement à la seule disposition de ceux qui le demandent. Mais il ne se préoccupe pas de révéler l'enfant à lui-même, n'est pas curieux de scruter les arrière-mondes enfantins ou les réduit à peu de choses. (« ... je ne fais plus de thérapie. Avec la moyenne des enfants, une fois qu'on a éclairci la question de la naissance et celle de la masturbation, qu'on a expliqué que la situation familiale crée des haines et des jalousies, il ne reste plus grand-chose à ajouter », Neill, *loc. cit.*, p. 50). Il se dépouille de toute *aura*, fût-ce celle de facilitateur, se contente de vivre libre avec des enfants libres. (J. U.)

TROISIÈME TYPE DE MÉTHODES

MÉTHODES UTILISANT L'INTERVENTION DU MAITRE

1 / Le maître doit accorder la didactique au psychisme enfantin

A / LES MÉTHODES « NOUVELLES »
   OU « ACTIVES »
   SOLLICITENT LE PSYCHISME ENFANTIN

1 / Principes généraux

▶ « L'école doit être active[1], c'est-à-dire mobiliser l'activité de l'enfant. Elle doit être un laboratoire plus qu'un auditoire...

« ... Dans cette nouvelle conception de l'éducation, la fonction du maître est complètement transformée. Celui-ci ne doit plus être un omniscient chargé de pétrir l'intelligence et de remplir l'esprit de connaissances. Il doit être un stimulateur d'intérêts, un éveilleur de besoins

---

1. La notion d'activité, qu'on l'applique à l'école ou aux méthodes, est très équivoque. Elle désigne dans tous les cas, évidemment, l'absence de passivité et s'oppose à tout enseignement qui ferait de l'enfant un être purement réceptif.

Mais l'activité présente deux aspects, ou plutôt deux pôles :

1 / elle désigne toute attitude mentale qui n'offre pas les caractères d'une réceptivité pure et simple, et en appelle à une expérience propre ;

2 / l'activité peut aussi apparaître liée aux activités corporelles. Elle ira de la mise en mouvement du corps au travail manuel, en passant par de nombreux intermédiaires. (J. U.)

intellectuels et moraux. Il doit être pour ses élèves bien plus un collaborateur qu'un enseigneur *ex cathedra*. Au lieu de se borner à leur transmettre les connaissances qu'il possède lui-même, il les aidera à les acquérir eux-mêmes par un travail et par des recherches personnelles. L'enthousiasme, non l'érudition, sera chez lui la vertu capitale.

« L'observation montre qu'un individu ne rend que dans la mesure où l'on fait appel à ses capacités naturelles, et que c'est perdre son temps que de s'acharner à développer chez lui des capacités qu'il n'a pas. Il est donc nécessaire que l'école tienne compte davantage des aptitudes individuelles, et se rapproche de l'idéal de l' « école sur mesure ». On pourrait y parvenir en laissant, dans les programmes, à côté d'un programme minimum commun et obligatoire pour tous, et portant sur les disciplines indispensables, un certain nombre de branches à choix, que les intéressés pourraient approfondir à leur gré, mus par leur intérêt et non pas l'obligation de passer sur elles un examen.

« Les réformes ci-dessus préconisées ne seront possibles que si le système des examens est profondément transformé. La nécessité de l'examen pousse les maîtres, malgré eux, à faire du gavage de mémoire plus que du développement de l'intelligence. Sauf peut-être pour le minimum de connaissances indispensables, les examens devraient être supprimés et remplacés par une appréciation, portant sur des travaux individuels faits au cours de l'année — ou par des tests appropriés. » (CLAPARÈDE, *Educ. fonctionnelle*, pp. 183-185.)

▶ « Les études ne doivent être que le couronnement des expériences quotidiennes de l'enfant ; le rôle de l'école, c'est de partir de ces expériences naïves et de les organiser en sciences, en géographie, en calcul ou tout autre savoir selon la leçon du moment ; et, puisque les notions que l'enfant possède font déjà partie du programme que le maître veut lui enseigner, la méthode qui construit ce programme d'après cette expérience de l'enfant est vraiment la seule façon normale et graduelle d'instruire. » (J. et E. DEWEY, *Les écoles de demain*, pp. 74-75.)

2 | *Méthodes particulières*

a | *Maria Montessori*

— *Ambiance* ▸ « La véritable éducation nouvelle consiste à aller tout d'abord à la découverte de l'enfant et à réaliser sa libération... Vient ensuite le problème de l'aide à apporter à l'enfant et qui doit durer aussi longtemps que l'évolution de celui-ci.

« Notre méthode d'éducation est caractérisée précisément par l'importance qu'elle attribue à l'ambiance... Ceux qui ont suivi ce mouvement d'éducation savent combien il a été, combien il est encore discuté.

« Ce qui a le plus surpris, c'est ce renversement entre l'adulte et l'enfant ; le maître sans chaire, sans autorité, presque sans enseignement ; et l'enfant devenu le centre de l'activité, qui apprend tout seul, libre dans le choix de ses occupations et de ses mouvements...

« Par contre, l'autre concept, celui de l'ambiance matérielle adaptée aux proportions du corps enfantin, fut accueilli avec bienveillance. Ces pièces claires, lumineuses, aux croisées basses et fleuries, aux meubles petits, de toutes les formes, comme dans l'ameublement d'une maison moderne ; ces petits fauteuils et ces petites tables, ces tentures jolies, ces commodes basses à portée de la main de l'enfant qui y dépose les objets et prend dessus ce qu'il désire, tout cela a semblé une amélioration pratiquement importante dans la vie de l'enfant. Et je crois bien que beaucoup de « Maisons des enfants » conservent ce critère extérieur comme élément principal. » (M. MONTESSORI, *L'enfant*, pp. 82-83.)

— *L'intuition* ▸ « Mme Montessori se réfère à la doctrine sensualiste, issue de Locke et de Condillac et qui, dès le XVIIIe siècle, avait donné lieu à des applications pédagogiques : c'est des sensations, de leur rencontre, de leur comparaison que procèdent nos connaissances, même les plus abstraites... Un médecin du XIXe siècle, Seguin, à qui Mme Montessori reconnaît avoir emprunté les principes de sa méthode, voulait ramener la débilité mentale, l'imbécillité et l'idiotie au manque d'intérêt que le malade éprouverait pour ses sensations... Ayant commencé elle-même par la rééducation des anormaux, Mme Montessori a pensé que la méthode était également applicable aux enfants normaux... Elle s'est efforcée de ramener toutes les opérations intellectuelles, et particulièrement les méthodes mathématiques à leurs composantes sensorielles... Croyant que les idées ne sont qu'un décalque des sensations en langage abstrait et que l'ordre des unes ne peut que reproduire l'ordre des autres, elle s'est attachée à développer chez les enfants la discrimination entre sensations et qualités de sensations. D'où les multiples « jeux » inventés par elle et qui répondent chacun à une intention éducative d'où l'enfant ne doit pas s'écarter. » (WALLON, *Sociologie et éducation*, p. 325.)

b | Decroly[1] : Besoins, idées associées, centres d'intérêt,
  entraînement

▶ « Un programme peut prendre comme base des matières :
« 1) Trois des besoins fondamentaux à l'enfant et à l'humanité : à savoir celui *de se nourrir,* celui *de lutter contre les intempéries* et celui *de se défendre contre les dangers.* Ces trois besoins déterminent la majorité des occupations de l'homme et donnent lieu aux principales activités industrielles et transactions commerciales.
« 2) Ces activités elles-mêmes représentent précisément le *travail* humain, et celui-ci devant être considéré comme inéluctable, il paraît logique de le montrer aussi comme un besoin. Il doit d'ailleurs devenir une habitude

1. Belge, 1871-1932.

pour l'éducateur et constituer pour beaucoup de bons esprits un facteur fondamental de la vie morale. C'est pourquoi nous avons pris un quatrième point appelé *le travail* et nous avons ajouté, *solidaire*, parce qu'il importe de montrer à l'enfant qu'il est impossible de travailler seul pour vivre et que chacun de nous ne peut rien sans la collaboration des autres.

« Le schéma suivant montre la manière de comprendre le rapport entre ces divers points :

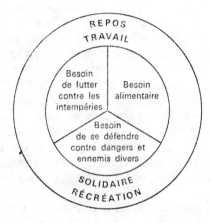

« Un autre schéma montre comment nous établissons les rapports entre chacun de ces besoins et le milieu matériel ou humain, proche actuel ou éloigné dans l'espace et le temps en vue de comprendre et de prévoir, c'est-à-dire en vue de donner précisément l'occasion à l'intelligence de se manifester dans toute son ampleur.

« Ce programme que nous appelons d'idées associées permet de préparer l'enfant à l'acquisition de concepts de plus en plus généraux et abstraits concernant les relations des hommes entre eux et avec le monde. On peut également y trouver une mine inépuisable de centres d'intérêts et d'idées pivots qui répondent au principe fondamental de la convergence de toutes les acquisitions et des réalisations, pour assimiler une connaissance tout

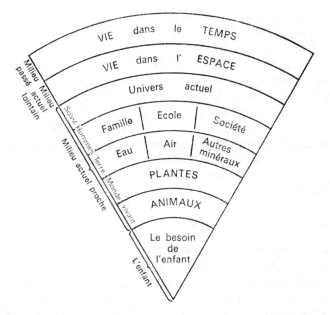

en favorisant le développement des fonctions mentales les plus élevées.

« Comme on peut le remarquer, dans un tel programme, il y a des chapitres qui se rattachent aux tendances secondaires et surtout sociales ; ce sont notamment : 1) toute la partie concernant *le travail solidaire* et 2) dans chaque grande subdivision, les rubriques relatives aux rapports de l'enfant avec *la famille, l'école* et *la société*. On ne peut donc pas reprocher à ce programme d'être uniquement tourné vers des besoins inférieurs...

« Quant à la division des branches elle s'inspire du mécanisme mental de l'enfant. Une fois l'intérêt pris comme point de départ nous avons à donner à l'enfant l'occasion d'observer, d'associer les idées et de les exprimer. C'est pourquoi nous avons divisé les exercices en trois catégories : *l'observation, l'association* et *l'expression* qui se rapprochent à certains égards de celles admises par Herbart[1].

---

1. Philosophe et pédagogue allemand, 1776-1841.

« Evidemment le terme *association* n'est pas psychologiquement le meilleur, mais il signifie que le maître doit au cours de ces exercices s'efforcer de rattacher les notions acquises par des voies indirectes et plus ou moins verbales ou symboliques aux notions acquises par voies directes, c'est-à-dire de première main (par l'observation et l'expérience personnelle).

« C'est avec cette division des branches qu'on peut le mieux réaliser le groupe de concentration — autour des centres d'intérêts ou des idées pivots. » (DECROLY, préface à F. de MOOR, *L'école active par la méthode Decroly*, pp. 6 à 9.)

c / Kerschensteiner : travail et communautés

▶ « Le premier pas qu'il faut accomplir dans l'organisation de nos écoles est de transformer nos écoles livresques en écoles de travail pratique ; chaque fois que la matière enseignée le permet, on remplacera les activités aujourd'hui basées sur les livres par des activités basées sur le travail...

« Mais à ce premier pas doit en succéder un second : la transformation de l'ardeur individuelle au travail en une joie née de la création collective, ou, pour m'exprimer en termes applicables à l'organisation scolaire : la transformation de nos écoles en communautés de travail...

« Lorsque les écoles se seront éveillées à la joie du travail commun et que par elle la volonté de travailler, d'abord inspirée par des motifs égoïstes, aura été orientée vers le service de la collectivité ; lorsque sera né un esprit de discipline consentie, de responsabilité assumée, d'entraide spontanée, alors il faudra franchir la troisième étape, transformer les vertus engendrées par l'accoutumance en vertus raisonnées et l'on aura recours à l'instruction civique. » (*Grundfragen der Schulorganisation*, p. 15 sq. ; trad. par CAUVIN, in *Le renouveau pédagogique en Allemagne de 1890 à 1933*, pp. 182-183.)

d / Dewey : l'école à l'image de la société

▶ [pour Dewey] « Le but de l'école n'est que secondairement l'étude théorique, son but essentiel est de munir l'enfant des aptitudes qui lui permettront de réussir et de rendre service. Il faut, en conséquence, l'entraîner dès que possible au maniement des institutions qu'il devra subir et qu'il pourra utiliser. L'école sera donc à l'image de la société, un microcosme de la société. Elle aura son conseil d'administration composé d'élèves, son conseil judiciaire, son conseil économique. L'imitation a été parfois poussée très loin et jusqu'à la confection d'une monnaie propre à l'établissement. » (WALLON, *Sociologie et éducation*, p. 330.)

B / MÉTHODES AJUSTANT LA DIDACTIQUE A L'ÉVOLUTION PSYCHOLOGIQUE DE L'ENFANT

▶ « L'aspect essentiel, qui est beaucoup moins souligné mais prendra de plus en plus d'importance dans l'avenir, concerne l'adaptation des méthodes didactiques aux lois du développement de la pensée. Dewey, Claparède et Decroly ont déjà fortement insisté sur le rôle des intérêts et des motivations nécessaires à une éducation active et, de façon générale, on est plus ou moins convaincu, bien que les applications en demeurent encore assez dérisoires, du principe selon lequel l'enfant n'acquiert ses connaissances essentielles qu'au travers d'actions dirigées lui permettant de redécouvrir ou de reconstruire en partie les vérités au lieu de les recevoir toutes faites et toutes digérées. Mais pour ce qui est du déroulement et de la construction même des structures à acquérir, l'éducation moderne en demeure à un empirisme et un opportunisme qui ressemble davantage à la médecine du xviiᵉ siècle qu'à celle de nos jours, alors qu'une psychopédagogie scientifique pourrait déjà être constituée et marquera certainement les étapes futures des sciences et techniques de l'éducation. Un certain nombre de signes montrent néanmoins que l'idée est en marche. Les mathématiciens se préoccupent un peu partout d'une réorganisation de l'enseignement en fonction des mathématiques modernes et s'il arrive qu'on enseigne celles-ci avec des méthodes pédagogiques qui sont traditionnelles, un grand effort est fait en certains pays pour concilier ces exigences avec celles de la psychologie du développement. Aux Etats-Unis un certain nombre de physiciens ont quitté leurs laboratoires pour vouer quelque temps à l'initiation des jeunes élèves aux méthodes expérimentales et plusieurs de ces physiciens utilisent les données psycho-génétiques actuelles (par exemple les travaux de Genève). » (PIAGET, *Epistémologie des sciences de l'homme*, pp. 239-240.)

▶ « Sans avoir à rappeler le fonctionnement des sentiments moraux avec leur équilibre normatif, si voisin des structures opératoires, il est exclu d'interpréter le développement de la vie affective et des motivations sans insister sur le rôle capital des autorégulations dont toutes les écoles ont, d'ailleurs, quoique sous des noms divers, souligné l'importance. » (PIAGET et INHELDER, *La psychologie de l'enfant*, pp. 125-126.)

2 / Alain : rejet des méthodes anciennes et nouvelles
L'effort, l'école et le maître

A / REJET DES MÉTHODES ANCIENNES ET NOUVELLES

— *Contre le cours traditionnel*

▶ « Les cours magistraux sont temps perdu. Les notes prises ne servent jamais. J'ai remarqué qu'à la caserne on n'explique pas seulement en style clair ce que c'est qu'un fusil ; mais chacun est invité à démonter et à remonter le fusil en disant les mêmes mots que le maître, et celui qui n'aura pas fait et refait, dit et redit, et plus de vingt fois, ne saura pas ce que c'est qu'un fusil ; il aura seulement le souvenir d'avoir entendu un discours de quelqu'un qui savait. On n'apprend pas à dessiner en regardant un professeur qui dessine très bien. On n'apprend pas le piano en écoutant un virtuose. De même me suis-je dit souvent, on n'apprend pas à écrire et à penser en écoutant un homme qui parle bien et pense bien. Il faut essayer, faire, refaire, jusqu'à ce que le métier entre, comme on dit.

« Cette patience d'atelier, on ne la trouve point dans nos classes, peut-être parce que le maître s'admire lui-même parlant, peut-être parce que toute sa carrière dépend de ce talent qu'il montre à parler longtemps tout seul... » (ALAIN, *Propos sur l'éducation*, 37, pp. 94-95.)

— Contre l'appel aux intérêts spontanés et au jeu

▶ « Il n'est nullement question d'apprivoiser les petits d'hommes, quand ce serait pour leur bien. Tout au contraire, il faut mettre en leurs mains leur propre apprentissage, ce qui est fortifier en eux la volonté. Car il n'y a point d'autre valeur humaine que celle-là. Et je n'ai nullement le projet d'habituer l'homme aux bruits soudains, comme on fait pour les chevaux des gardes. Bref, tout ce qui est accoutumance dans l'éducation me paraît inhumain. Autrement dit l'expérience qui intéresse me paraît mortelle pour l'esprit. » (*Id.*, 2, p. 8.)

B / L'EFFORT.
QU'IL SIED A L'ENFANCE

▶ « ... L'immense danger, et l'urgence, toujours aussi pressante, de tirer l'humanité de la barbarie proche, commandent d'aller droit au but humain. Il faut que l'enfant connaisse le pouvoir qu'il a de se gouverner, et d'abord de ne point se croire ; il faut qu'il ait aussi le sentiment que ce travail sur lui-même est difficile et beau. Je ne dirai pas seulement que tout ce qui est facile est mauvais ; je dirai même que ce qu'on croit facile est mauvais. Par exemple l'attention facile n'est nullement l'attention ; ou bien alors disons que le chien qui guette le sucre fait attention. Aussi je ne veux pas trace de sucre ; et la vieille histoire de la coupe amère dont les bords sont enduits de miel me paraît ridicule. J'aimerais mieux rendre amers les bords d'une coupe de miel. Toutefois ce n'est pas nécessaire ; les vrais problèmes sont d'abord amers à goûter ; le plaisir viendra à ceux qui auront vaincu l'amertume. Je ne promettrai donc pas le plaisir, mais je donnerai comme fin la difficulté vaincue ; tel est l'appât qui convient à l'homme ; c'est par là seulement qu'il arrivera à penser au lieu de goûter. » (*Id.*, 2, pp. 8-9.)

▶ « Ce qui porte l'enfant, ce n'est point l'amour du jeu ; car, à chaque minute, il se défait d'un amour du jeu, et c'est passer de la robe à la culotte ; toute l'enfance se passe à oublier l'enfant qu'on était la veille. La croissance ne signifie pas autre chose. Et l'enfant ne désire rien de plus que de ne plus être enfant. Ambition qui cède sans cesse à l'attrait du jeu ; aussi le jeu continu n'est-il jamais sans regret ni sans ennui. L'enfant demande secours. Il veut être tiré vivement du jeu ; il ne peut de lui-même, mais de lui-même il le veut ; c'est le commencement et comme le germe de sa volonté. C'est pourquoi, gardant des coups de bâton ce qui mérite d'être gardé, on ne doit pas craindre de lui déplaire, et même il faut craindre de lui plaire. » (*Id.*, 3, p. 12.)

C / L'ÉCOLE ET LE MAITRE

— *L'école*

▶ « L'éléphant, dans Kipling, tire sur sa corde, arrache ses piquets, répond aux appels nocturnes, et court à cette danse des éléphants, cérémonie que nul homme n'a vue. Ensuite ce fidèle ami de l'homme revient dans ses piquets. Ainsi l'enfant exilé de son peuple se tient derrière la fenêtre fermée, écoutant l'appel des enfants. L'enfant tient à sa famille par des liens forts ; mais il tient au peuple enfant par des relations qui ne sont pas moins naturelles. En un sens il est moins étranger au milieu des enfants que dans sa famille, où il ne trouve point d'égaux ni de semblables. C'est pourquoi, dès qu'il peut ronger sa corde, il court au jeu, qui est la cérémonie et le culte du peuple enfant. Bonheur plein, alors, d'imiter ses semblables et de percevoir en leurs mouvements l'image de ses propres mouvements.

« L'école est donc une chose naturelle. Le peuple enfant s'y retrouve en son unité ; et c'est encore une cérémonie que d'apprendre ; mais il faut que le maître soit étranger et distant ; dès qu'il s'approche et veut faire l'enfant, il y a scandale. Comme si un profane entrait dans une société secrète. Le peuple enfant a ses lois sacrées, et il les garde pour lui. Ce lien si fort entre les camarades de jeux attache encore l'homme fait, et le rend aussitôt ami d'une certaine manière avec un autre homme qu'il n'a pas revu depuis vingt ans, et qu'il ne connaît presque point. Le peuple enfant grandit ainsi et devient peuple d'hommes, étranger à ses aînés, étranger à ceux qui le suivent. La conversation avec un frère aîné est toujours difficile ; elle est presque impossible avec un père ; elle est plus naturelle avec un étranger d'un autre âge ; plus naturelle avec un maître d'écriture ou de science, ou de belles-lettres, parce que le maître éprouve et maintient les différences, au lieu qu'un frère ou un père veulent s'approcher et comprendre, et s'irritent bientôt de n'y pas réussir. En sorte que le maître se trouve être ambassadeur et négociateur entre le peuple parent et le peuple enfant. » (*Id.*, 13, pp. 36, 37-38.)

— *L'art d'instruire*

▶ « Surtout aux enfants qui ont tant de fraîcheur, tant de force, tant de curiosité avide, je ne veux pas qu'on donne la noix épluchée. Tout l'art d'instruire est d'obtenir au contraire que l'enfant prenne de la peine et se hausse à l'état d'homme. » (*Ibid.*, 5, pp. 16-17.)

— *L'art d'apprendre*

▶ « L'art d'apprendre se réduit à imiter longtemps et à copier longtemps, comme le moindre musicien le sait, et le moindre peintre. » (*Id.*, 54, p. 138.)

— *Le maître*

▶ « Je veux un instituteur aussi instruit qu'il se pourra ; mais instruit aux sources. L'enseignement supérieur instruit de source. Que le futur instituteur aille donc là, et qu'il prenne trois ou quatre diplômes selon son goût, deux de belles-lettres et deux de science. Mais qu'il n'aille pas après cela verser tout ce qu'il sait dans une classe de petits, où l'on en est encore à épeler. Il faut qu'un instituteur soit instruit, non pas en vue d'enseigner ce qu'il sait, mais afin d'éclairer quelque détail en passant, toujours à l'improviste, car les occasions, les éclairs d'attention, le jeu des idées dans une jeune tête ne peuvent nullement être prévus. Pour l'ordinaire, je conçois la classe primaire comme un lieu où l'instituteur ne travaille guère, et où l'enfant travaille beaucoup. Non point donc de ces leçons qui tombent comme la pluie, et que l'enfant écoute les bras croisés. Mais les enfants lisant, écrivant, calculant, dessinant, récitant, copiant et recopiant. Le vieux système des moniteurs restauré ; car, pour les plus lourdes fautes d'orthographe ou de calcul, il est absurde de vouloir que le maître les suive et les corrige toutes. Beaucoup d'exercices au tableau noir, mais toujours répétés à l'ardoise, et surtout lents, et revenant, et occupant de larges tranches de temps, sans grande fatigue pour le maître, et au profit des enfants. Beaucoup d'heures aussi passées à mettre au net sur de beaux cahiers ; copier est une action qui fait penser. Enfin une sorte d'atelier. Que penseriez-vous d'un maître

peintre qui peindrait devant ses élèves ? Aussi très peu
de variété dans les travaux, attendu que la lecture, jointe
à la récitation, est l'occasion d'apprendre de tout.

« Le maître surveillera de haut, délivré de préparation,
de ces épuisants monologues, et de ces ridicules entretiens
pédagogiques, où l'on ressasse au lieu d'acquérir. Libre
de fatigue, et gardant du temps pour lui-même, il s'ins-
truira sans cesse, s'il s'est instruit d'abord aux sources ;
et le voilà en mesure de guider et d'illuminer en quelques
mots, dans les moments rares et précieux où l'esprit
enfant bondit. Et, pour préparer ces heureux moments,
toujours lecture, écriture, récitation, dessin, calcul ; travail de chantier, bourdonnement de voix enfantines. Le
maître écoute et surveille bien plus qu'il ne parle. Ce
sont les grands livres qui parlent, et quoi de mieux ? »
(*Ibid.*, 33, pp. 86-87.)

3 / Freinet :
les techniques éducatives

1 / Non pas une méthode...

▶ « Il n'y a pas de méthode Freinet mais il y a un vaste
mouvement pédagogique de rénovation et de réadaptation
dont nous avons fixé expérimentalement les bases et les
principes. » (FREINET, cité *in* Elise FREINET, *Naissance
d'une pédagogie populaire*, p. 352.)

2 / ... Mais des techniques d'action

▶ « Comme nous ne pouvons actuellement prétendre
conduire méthodiquement et scientifiquement les enfants
en administrant à chacun d'eux l'éducation qui lui
convient, nous nous contenterons de préparer à leur

intention et de leur offrir un milieu, un matériel et une technique[1] susceptibles d'aider leur formation, de préparer les chemins sur lesquels ils se lanceront, selon leurs aptitudes, leur goût et leurs besoins. » (*Pour l'école du peuple*, pp. 19-20.)

— *Les techniques Freinet*

▶ [énumération] « C'est un véritable plan d'enseignement que nous traçons ainsi, en même temps que le programme de nos efforts coopératifs :

« *a* / Expression libre et circuit normal de la pensée et des écrits par l'Imprimerie à l'Ecole, le journal scolaire et les échanges interscolaires.

« *b* / L'école par la vie et pour la vie par le travail véritable à l'école, les enquêtes vers la vie ambiante, la coopérative scolaire, l'intégration des adultes dans l'œuvre éducative.

« *c* / Satisfaction normale du besoin de connaître et de se perfectionner par le fichier scolaire coopératif,

---

1. Le mot : technique, dans la langue de Freinet, comporte deux sens principaux :

1 / la technique est l'art de procéder selon des démarches ordonnées et fixes, suffisamment dominées pour que l'inspiration en soit bannie (ainsi, dans l'école d'autrefois, « lire, écrire, compter devenaient les techniques de base sans lesquelles le prolétaire n'était qu'un ouvrier médiocre » (*Pour l'école du peuple*, p. 13.)

2 / par analogie avec les objets techniques, la technique désigne aussi un dispositif, un agencement de moyens quasi indépendants de celui qui en use.

Ce dernier sens est celui que Freinet retient le plus volontiers et qui permet peut-être de saisir le mieux son originalité. Le maître qui s'inspire des idées de Freinet a, sans doute, à l'égard de ses élèves, un rôle à jouer — mais bien différent de l'intervention de qui se réclame des méthodes nouvelles. Celui-ci conforme son activité à la nature de l'enfant, de tel enfant. Du mouvement des écoles nouvelles, il retient une inspiration, une orientation, éventuellement des « méthodes », procédés qui comportent la signification de conseils ou d'exemples. Freinet donne, lui, à ses « techniques » une réalité véritablement objective, s'efforce de leur conférer une existence sociale — on dirait presque : de les matérialiser. Comme il y a des coopératives de consommation ou des imprimeries, il y a des coopératives scolaires et une imprimerie à l'école.

les fichiers autocorrectifs, la bibliothèque de travail, le cinéma et la radio, les recherches techniques (calcul, agriculture, sciences, etc.).

« *d* | ... la satisfaction artistique par l'imprimerie, la gravure, le dessin, le théâtre, le cinéma, la danse et la rythmique. » (*L'Educateur*, 15 décembre 1945, cité *in* Elise FREINET, *loc. cit.*, p. 355.)

— *Un exemple : l'Imprimerie à l'école*

« Donc les enfants ont lu leurs textes. On a inscrit les titres au tableau. Puis on a voté. Le texte suivant a été choisi :

« LE PETIT BAIN

« Avant-hier, René, Pedro et moi, nous arrosions le jardin. Après avoir arrosé, nous disons :

— Si nous nous amusions un peu avec les lances.

« René parlait dans deux lances à la fois. Les lances étaient pleines d'eau. Pedro écoutait à l'autre extrémité. René souffle et Pedro a le visage arrosé.

« J'écoute à mon tour : un jet d'eau inonde ma figure. René met la lance au robinet. Il me dit :

— Ferme l'autre bout!

« J'avais de la peine à boucher avec la main. Tout à coup l'eau gicle sur moi. J'étais tout mouillé et en colère. Je voulais à mon tour arroser René. Je refoule l'eau, mais hélas! elle revient et me mouille une seconde fois.

« Quel rire!

« *André.*

« Nous avons dit dans nos diverses brochures les avantages pédagogiques de la rédaction libre et spontanée, motivée par l'imprimerie, le journal scolaire et les échanges interscolaires ; les vertus du choix par les enfants eux-mêmes, de la mise au point en commun, de cette sorte d'exaltation et de libération psychique que suscitent la

prise en considération d'une pensée d'enfant, sa trans-
cription majestueuse en caractères imprimés, son illus-
tration et sa diffusion.

« Si la classe a préféré ce texte à d'autres, c'est qu'il
y a dans celui-ci des éléments particuliers qui l'ont fait
s'imposer. Ce sont ces indéfinissables que nous devons
détecter et exploiter.

« Sans idée préconçue, nous cherchons avec les élèves.

« Notre sujet peut se relier à deux besoins dominants :

« 1º Activité de cultivateur ;

« 2º Dominer la nature.

« En face de chacun de ces sujets nous trouvons :

« *a* / les travaux-jeux possibles : vases communicants,
    pompe, seringue ;

« *b* / les jeux-travaux complémentaires à proposer, no-
    tamment aux degrés inférieurs : bombarde, seringue,
    chants, devinettes et proverbes ;

« *c* / les connaissances : les légumes, l'arrosage, l'histoire
    de l'irrigation, pompe à eau, pompe à incendie ;

« *d* / la liste des brevets correspondants, dont nous ver-
    rons l'utilisation.

« Nous sommes alors en possession d'un certain nombre
de possibilités intéressantes qui s'offrent. Ne soyons
effrayés ni par leur nombre ni par leur diversité. Mais
choisissons. Choisissons en fonction tout à la fois des
nécessités des programmes concrétisés dans nos plans
de travail mensuel et des intérêts dominants des enfants.

« Nos projets sont inscrits au tableau :

« *Travaux d'atelier*	*Activités intellectuelles*
« Fabrication de bombardes (apporter du sureau).	Recherches dans le fichier des documents se rapportant à
« Pompe (chercher des cylindres).	l'irrigation à travers les âges.
« Téléphone à ficelle et expé-	La découverte de la pression de l'eau et de l'air.

« *Travaux d'atelier* (suite)	*Activités intellectuelles* (suite)
rience de la vitesse du son. « Expérience des vases communicants et leurs applications.	Le téléphone et le télégraphe à travers les âges.

« Nous avons là sept séries de travaux que les enfants doivent se répartir. Procédons rapidement à cette répartition.

« Ces travaux-là doivent être exécutés dans la journée, pour le compte rendu du soir. Ils peuvent se faire individuellement ou par groupes. Cela dépend des individus, du sujet à étudier et de certaines conditions de travail que nous aurions tort de violenter pour imposer l'une quelconque de ces techniques. Un court compte rendu sur le cahier d'observations et d'expériences complétera ce travail (les réalisations manuelles pourront être réparties sur plusieurs jours si nécessaire). » (*Pour l'école du peuple*, pp. 87-90.)

4 / Makarenko :
rapport dialectique individu et société liberté et contrainte

Les méthodes éducatives sont définies par l'ensemble des moyens qui unissent dans un rapport dialectique individu et société, liberté et contrainte et sont destinés à accomplir l'homme et la société socialistes.

1 / Caractère dialectique de la méthode pédagogique

▶ « Quelle doit être la logique du processus pédagogique ?... Il n'y a pas de moyens infaillibles comme il n'y a jamais de moyen radicalement mauvais. Tout dépend des circonstances, du moment, des particularités de l'individu et de la collectivité, du talent et de la préparation des éducateurs, du but le plus proche proposé, de la conjoncture présente. En fonction de tout ceci, le champ d'application de tel ou tel moyen peut s'élargir jusqu'à généralisation complète ou se rétrécir jusqu'à négation totale. Il n'y a pas de science plus dialectique que la pédagogie, et c'est pourquoi les données de l'expérience y ont une importance capitale. » (*Mon expérience de travail*, p. 158.)

2 | *La collectivité*

▶ « La pédagogie soviétique doit obéir à une logique tout à fait nouvelle : aller de la collectivité à l'individu. Seule la collectivité entière peut être l'objet d'une éducation soviétique. Ce n'est qu'en éduquant la collectivité que nous pourrons espérer trouver une forme d'organisation dans laquelle chaque individu soit le plus discipliné et le plus libre. » (Chapitre 12 de la première partie du *Poème pédagogique* ; texte non paru dans le *Poème pédagogique*. Publié isolément en 1934, trad. *in* LÉZINE, *Makarenko*, p. 119.)

▶ « La classe unit les enfants dans un travail quotidien constant et... la collectivité primaire de ce type perdait de vue les intérêts de la collectivité générale. Il y a beaucoup trop et de trop solides raisons pour s'unir dans le cadre des intérêts de la classe en se désintéressant de la collectivité générale... En pareil cas, la collectivité primaire perd sa valeur en tant que collectivité primaire et absorbe les intérêts de la collectivité générale ; le passage aux intérêts de la collectivité générale se révèle difficile. » (*Problèmes de l'éducat. scol. soviét.*, p. 89.)

▶ « Je ne suis pas moins convaincu de ce qui suit : tout d'abord la collectivité primaire ne doit pas repousser à l'arrière-plan la collectivité générale et la remplacer, et ensuite la collectivité primaire doit être le principal point de contact avec l'individu. Ceci est mon théorème général. » (*Id.*, p. 99.)

▶ « J'insisterai volontiers sur le fait que la collectivité enfantine unique, dirigeant l'éducation des enfants, doit être l'école. Et toutes les autres institutions doivent être subordonnées à l'école. » (*Id.*, p. 45.)

3 | *Aspects de la collectivité scolaire*

— *a | Organismes de direction*

▶ (L'Assemblée) « L'assemblée générale tenue par les enfants doit être considérée par l'administration et les enfants comme l'organisme principal responsable de la direction. » (*Méthode d'organisation du processus éducatif*, chap. 5, in *Problèmes...* ; la trad. que nous reproduisons est celle de Lézine, *Makarenko*, p. 185.)

▶ « L'assemblée générale examine les points suivants :
« ... 2) Rapports portant sur différents aspects de la vie de l'établissement, rapports scolaires, sanitaires, plans de production, budgets.
. « ... 8) Compte rendu régulier... des aspects de la conduite jugés inadmissibles chez tel ou tel enfant.
« ... 9) Toutes les questions liées à la vie courante de la collectivité, qui concernent les aspects importants du travail et intéressant toute la collectivité des enfants. » (*Ibid.*, pp. 184-185.)

▶ (Le Conseil) « Le conseil est l'organe central du gouvernement autonome de la collectivité. » (Méthode..., in *Problèmes*, p. 173.)

▶ « Bien plus efficace est un conseil composé de personnes investies en même temps du mandat des collectivités primaires ; ces mandataires sont en ce cas les commandants des détachements de classe à l'école. » (*Id.*, p. 174.)

— *b | La discipline et le travail*

▶ « Si quelqu'un demandait comment je pourrais définir en une brève formule l'essence de mon expérience pédagogique, je répondrais : exiger de l'homme le plus possible et le respecter le plus possible. Je suis convaincu que cette formule est la formule générale de la discipline soviétique, la formule de notre société en général.

« ... Nos exigences envers l'individu sont l'expression du respect envers ses forces et ses possibilités, et dans notre respect s'expriment en même temps nos exigences envers l'individu... Il ne peut exister ni ne peut être créé de collectivité ni de discipline sans exigences envers l'individu. Je suis partisan d'une exigence persévérante, extrême, déterminée sans correctifs ni demi-mesure. » (*Problèmes...*, pp. 71-72.)

▶ « Le travail sans l'instruction et l'éducation sociale et politique marchant de pair avec lui ne donne pas de résultats profitables dans le sens éducatif et n'est qu'un processus neutre. Vous pouvez forcer quelqu'un à travailler autant que vous voudrez, mais si en même temps vous ne l'éduquez pas politiquement et moralement, s'il ne participe pas à la vie sociale et politique, ce travail sera tout simplement un processus neutre, ne donnant aucun résultat positif. » (*Id.*, p. 36.)

▶ « Mais d'où peut découler le but du travail éducatif ? Il découle naturellement de nos besoins sociaux, des aspirations du peuple soviétique, des buts et des missions de notre révolution, des buts et des missions de notre lutte. » (*Id.*, p. 34.)

QUATRIÈME TYPE DE MÉTHODES

DIDACTIQUES NOUVELLES FAISANT APPEL A LA TECHNIQUE

A / ENSEIGNEMENT PROGRAMMÉ

▶ « Nous définirons l'enseignement programmé comme une méthode pédagogique qui permet de transmettre des connaissances sans l'intermédiaire direct d'un professeur ou d'un moniteur, ceci tout en respectant les caractéristiques spécifiques de chaque élève pris individuellement. Nous ajouterons que l'enseignement programmé est toujours efficace car, par construction, un programme a été expérimenté jusqu'à ce que « ça marche ». Ce résultat est obtenu en se conformant à un certain nombre de principes, dont les plus importants sont les suivants :

« *1* / Principe de la structuration de la matière à enseigner. — La matière à enseigner doit être analysée en ses composants élémentaires (faits, concepts, etc.) et les relations qui existent entre ces composants élémentaires doivent être déterminées...

« *2* / Principe d'adaptation. — L'enseignement doit être adapté à l'élève. Il ne doit être ni trop facile ni trop difficile à aucun de ses stades...

« *3* / Principe de stimulation. — L'intérêt, le désir de travailler, l'attention de l'élève doivent être constamment stimulés...

« *4* / Principe de contrôle. — L'apprentissage de l'élève doit être contrôlé en permanence, à tous les stades. Dans ce but, ses réponses doivent toujours être corrigées et ses erreurs redressées. » (M. de MONT-MOLLIN, *L'enseignement programmé*, p. 7.)

▶ « L'enseignement programmé, c'est un ensemble de méthodes et de techniques qui permettent à un groupe de sujets de mieux acquérir un certain savoir, et, plus profondément, de changer de comportement. L'enseignement programmé débouche sur une technologie générale de l'enseignement.

« L'enseignement automatisé est un sous-ensemble de l'enseignement programmé. Il groupe techniques de présentation et d'enregistrement « automatique », c'est-à-dire en dehors de la présence constante d'un professeur ou d'un moniteur. Il n'y a pas d'enseignement automatisé valable sans méthodes de programmation. Mais il peut y avoir programmation sans automatisation. » (*Id.*, pp. 27-29.)

B / AUDIOVISUEL

▶ « Les moyens audio-visuels s'adressent, comme leur nom l'indique, à l'ouïe, à la vue, ou aux deux sens réunis, par l'intermédiaire de sons et d'images diffusés par des procédés électriques ou électroniques, en vue d'un enseignement collectif ou individuel. Ces moyens sont très variés ; les plus employés sont, par ordre chronologique, les projections fixes, les disques, les films muets, la radio, le magnétophone, les films sonores, la télévision...

« L'efficacité des techniques audio-visuelles par rapport aux méthodes conventionnelles a fait l'objet de nombreuses études, particulièrement aux Etats-Unis. Voici, d'après Wilbur Schramm, les conclusions générales de ces enquêtes :

« *1* / Les élèves apprennent davantage lorsqu'on utilise des moyens audio-visuels que lorsqu'on utilise des moyens exclusivement auditifs ou exclusivement visuels.

« *2* / Le film instruit aussi bien qu'un maître qualifié et, lorsque la leçon comporte des démonstrations, il peut instruire beaucoup mieux.

« *3* / Les élèves apprennent davantage lorsque le film est associé à d'autres activités scolaires...

« *4* / Ils apprennent davantage lorsqu'ils jouent un rôle actif pendant la projection : s'ils répondent aux questions posées dans le film, répètent les mots enseignés, s'exercent mentalement à appliquer les procédés qui leur sont montrés. Ils apprennent encore davantage s'ils savent qu'ils ont donné la réponse correcte (principe du renforcement).

« *5* / Ils retiennent mieux ce qui est signalé à leur attention. » (LE THANH KOI, *Analyse économique de l'enseignement considéré comme une industrie*, p. 229.)

C / MACHINES A ENSEIGNER

▶ « La machine en elle-même, naturellement, n'enseigne pas. Elle n'est qu'un instrument qui met l'étudiant en contact avec le spécialiste qui a composé le matériel qu'elle présente. Elle permet de réaliser une grande économie de travail, car elle peut mettre un même « programmateur » en contact avec nombre illimité d'élèves. Ceci peut faire songer à une production de masse, mais, du point de vue de chaque élève, le résultat ressemble fort à un enseignement individuel. Il n'est pas excessif de comparer la machine à un précepteur privé.

« *1* / Il existe, en effet, un échange continuel entre le programme et l'élève. A la différence des exposés, des manuels et des aides audio-visuelles habituelles, la machine induit une activité soutenue. L'élève est sans cesse en éveil, sans cesse occupé.

« *2* / A la manière d'un bon précepteur, la machine insiste pour que chaque point soit parfaitement compris avant d'aller plus loin. Les cours et les manuels développent la matière sans s'assurer que l'élève suit, et Dieu sait s'il est fréquemment dépassé.

« *3* | Comme un bon précepteur encore, la machine ne présente que la matière que l'élève est préparé à aborder. Elle lui demande de faire le pas qu'il est, à un moment donné, le mieux en mesure de faire.

« *4* | La machine aide l'élève à produire la réponse correcte. Elle y parvient, en partie grâce à la construction ordonnée du programme, en partie par la mise en œuvre de diverses techniques d'amorce ou d'allusion, dérivées de l'analyse du comportement verbal.

« *5* | Enfin, la machine, toujours comme le précepteur privé, renforce l'élève pour chaque réponse correcte, utilisant ce *feedback* immédiat non seulement pour modeler efficacement son comportement, mais pour le maintenir en vigueur, d'une manière que le profane traduirait en disant que l'on tient l'intérêt de l'élève en éveil. » (SKINNER, *La révolution scientifique de l'enseignement*, pp. 48-49.)

3   *Autres recherches*

REMARQUES PRÉALABLES :

Une importance particulière a été donnée, dans ce petit ouvrage, à ce qui concerne les finalités et les méthodes éducatives. Elle se justifie amplement : les recherches, qu'appellent ces questions, ont présenté, présentent encore, un caractère pratique essentiel pour les éducateurs.

Cependant l'éducation suscite d'autres recherches.

On pourra les définir d'abord négativement : ce sont celles qui ne visent directement ni à définir une finalité ni à fixer les traits d'une méthode. Si l'on souhaite être plus précis, on leur reconnaîtra une double orientation. Les unes traitent des faits — ou, si l'on préfère, des phénomènes — éducatifs comme de réalités dont il est opportun de fournir la description ou de démêler les facteurs. Elles peuvent, éventuellement, conduire à des résultats dont l'éducation, sous l'un de ses aspects, fera son profit. Une meilleure connaissance de l'adolescence, par exemple, n'offre pas que des intérêts théoriques ; ni non plus un approfondissement de certains aspects politiques ou de l'environnement économique de l'éducation. D'autres recherches, quoiqu'elles ne concernent pas uniquement l'éducation, sont menées avec le souci de tirer pour elle des conséquences avantageuses : tel sera le cas de l'étude du learning.

Les quelques textes qui suivent ne prétendent évidemment pas fournir une vue, même superficielle, des recherches effectuées ou en cours. Ils n'offrent que des illustrations.

La distribution de ces textes se fera en les référant aux sciences qui les inspirent. Il doit être toutefois bien entendu que les sciences humaines, qui suggèrent et rendent possibles la plupart de ces études, sont naturellement pluridisciplinaires. Nulle démarche ne saurait être attribuée à une seule d'entre elles. La classification ici retenue est donc plus commode que rigoureuse.

A / ÉDUCATION ET HISTOIRE :
« UNE CLASSE D'AGE NOUVELLE : L'ADOLESCENCE »

▶ « A la faveur de cette prolongation des études, une classe d'âge nouvelle apparaît : l'adolescence. Elle naissait tout juste au XVIIIᵉ siècle, mal dégagée de l'enfance, encore marquée par les signes physiques de la puberté, l'âge ambigu de Chérubin. Auparavant, dans la vieille société, elle n'existait pas ; on passait sans transition de l'enfance à la société des adultes, qui étaient eux-mêmes en majorité des hommes très jeunes. Il n'y avait aucune période intermédiaire. Très vite on cessait d'être un enfant, on devenait tout de suite un homme, quelquefois à peine pubère ; et la puberté arrivait plus tard qu'aujourd'hui. » (Ph. ARIÈS, *Problèmes de l'éducation*, p. 955.)

▶ « Ainsi, sous l'effet de l'allongement des études, d'une répugnance des familles à émanciper leurs enfants, et peut-être d'une méfiance générale à l'égard d'un type viril d'adulte, une longue période s'est installée entre la fin de l'enfance et l'entrée dans la vie des hommes : une classe nouvelle d'âge : l'adolescence.

« Il est remarquable que si les études psychologiques de l'enfance proprement dite ont été nombreuses pendant tout le XIXᵉ siècle, les monographies sur l'adolescence n'apparaissent pas avant 1900. La science suit l'apparition de son objet et ainsi le date. L'adolescence n'a d'abord existé que chez les élèves de l'enseignement

secondaire et supérieur, seulement dans la bourgeoisie :
les étudiants ou « écoliers » des révolutions romantiques. Ce
n'était donc pas encore une classe d'âge, mais plutôt un trait
caractéristique d'une classe sociale. » (*Id.*, pp. 957-958.)

▶ « C'est pourquoi il faut voir dans les formations des
bandes de jeunes des années cinquante les premiers
symptômes, épisodiques et vite dépassés d'un mouvement
beaucoup plus profond et général qui dresse aujourd'hui
l'adolescence comme un bloc contre la société globale. Les
journées de Mai 1968 ont été en France l'un des moments
culminants de ce phénomène commun à tous les pays
déjà entrés dans la phase post-industrielle. » (*Id.*, p. 959.)

▶ « Toutefois la nouvelle adolescence d'aujourd'hui est
très différente des classes d'âge des sociétés primitives.
Celles-ci préparaient à la condition d'adulte. L'adolescent, aujourd'hui, s'enferme dans sa condition et la pro-
longe au-delà de l'âge des artères, dans une société
imaginaire, jeune indéfiniment.

« De proche en proche, écrit E. Morin, et à un âge de
plus en plus précoce s'affirme chez le jeune une tendance
à l'émancipation, non pas une émancipation qui permettra de devenir adulte, mais une émancipation qui
permettra de devenir comme les adultes, c'est-à-dire
égaux à eux en droits et en libertés. Mais cette revendica-
tion est diffuse. Elle ne cristallise pas en idéologie doctri-
nalement constituée mais en une sorte de vulgate selon
laquelle les adultes sont réputés dépassés, incompréhen-
sifs ou voués à vivre dans le mensonge. » (*Id.*, p. 959.)

B / ÉDUCATION ET SOCIOLOGIE

— *La sociologie de l'éducation*

▶ « Il s'est développé une sociologie de l'éducation qui...
s'est spécialisée dans l'étude des structures concrètes :
par exemple l'étude de la classe d'école comme groupe

ayant sa dynamique propre (sociométrie, communication effective entre maîtres et élèves, etc.), l'étude du corps enseignant comme catégorie sociale (recrutement, structures hiérarchiques, idéologie, etc.) et surtout l'étude de la population enseignée : l'origine sociale des élèves selon les niveaux atteints, les débouchés, les points d'étranglement, la « relève », la mobilité sociale dans les perspectives éducatives, etc. Ce sont ces problèmes relatifs à la population enseignée qui ont le plus retenu l'attention et qui sont effectivement les plus importants pour juger des buts de l'instruction.

« L' « économie de l'éducation » commence entre autres à connaître de grands développements : étude des accords et des discordances entre les systèmes éducatifs et les besoins économiques et « sociaux » de la collectivité, nature et ampleur des ressources mises à la disposition de l'école, productivité du système, relations entre l'orientation de la jeunesse par l'école et l'évolution des formes d'activité économique, etc. » (J. PIAGET, *Psychologie et pédagogie*, p. 34.)

— *Exemple de sociologie politique de l'éducation : langue, classes sociales, réussite scolaire*

▶ « Sans jamais être pour personne, même pour les enfants des classes privilégiées, une langue maternelle, la langue universitaire, amalgame achronique d'états antérieurs de l'histoire de la langue, est très inégalement éloignée des langues effectivement parlées par les différentes classes sociales.

« ... La langue bourgeoise ne peut être adéquatement maniée que par ceux qui, grâce à l'Ecole, ont pu convertir la maîtrise pratique acquise par familiarisation dans le groupe familial en une aptitude du second degré au maniement quasi savant de la langue. Etant donné que le rendement informatif de la communication pédagogique est toujours fonction de la compétence linguistique des récepteurs (définie comme maîtrise plus ou moins complète et plus ou moins savante du code de la langue universitaire), l'inégale distribution entre les différentes classes sociales du capital linguistique scolairement rentable constitue une des médiations les mieux cachées par lesquelles s'instaure la relation (que saisit l'enquête) entre l'origine sociale et la réussite scolaire, même si ce facteur n'a pas le même poids selon... les différents types d'enseignement et les différentes étapes du cursus. La valeur sociale des différents codes linguistiques disponibles dans une société donnée, à un moment donné (c'est-à-dire leur rentabilité économique et symbolique) dépend toujours de la distance qui les sépare de la norme linguistique que l'Ecole parvient à imposer... La valeur sur le marché scolaire du capital linguistique dont dispose chaque individu est fonction de la distance entre le type de maîtrise symbolique exigé par l'Ecole et la maîtrise pratique du langage qu'il doit à sa prime éducation de classe » (BOURDIEU et PASSERON, *La reproduction*, pp. 143 à 145)[1].

— *Exemple de sociologie économique de l'éducation : l'enseignement et la croissance économique*

▶ « ... l'accumulation du capital et l'accroissement de la force de travail ne peuvent expliquer qu'une partie de la croissance du produit national intervenue dans le monde moderne. Le reste est dû à d'autres facteurs qu'un nombre croissant d'études ont cherché à déterminer.

« Deux approches différentes ont été suivies par les auteurs. Les uns ont tenté d'évaluer directement la contribution de l'enseignement à la croissance en examinant le niveau d'instruction de la population active et le revenu correspondant. Les autres ont utilisé une fonction de production dans laquelle un « troisième facteur » prend

1. Gramsci avait développé un thème analogue : la langue de la culture est une langue de classe. L'égalité des enfants devant l'éducation n'est donc pas assurée (cf. par ex. *Gramsci dans le texte*, p. 133).

place à côté du travail et du capital. Ce facteur, qui est un résidu, inclut des éléments divers : progrès technologique, santé, organisation socio-économique, etc., et l'effort actuel tend à y isoler l'enseignement. La détermination de son apport se fait sur la même base que dans la première méthode, c'est-à-dire en admettant que le gain professionnel mesure la productivité individuelle. Bien que des résultats définitifs ne soient pas encore en vue, ces travaux ont marqué une étape dans l'analyse de la croissance et fourni des instruments pour une meilleure politique de l'enseignement. » (LE THANH KHOI, *Analyse économique de l'enseignement considéré comme une « industrie »*, p. 367.)

C / ÉDUCATION ET PSYCHOLOGIE DE L'APPRENTISSAGE A L'ÉDUCATION

▶ « Dans les apprentissages élémentaires, la cognition n'est pas encore, en tant que telle, dégagée des activités qui sont au service du comportement à court terme, et c'est seulement de façon progressive, par l'atténuation des exigences d'utilité immédiate, qu'elle accède au statut de fonction psychologique distincte...

« Dans l'apprentissage d'une réaction ou d'une motivation, les stimulations neutres n'interviennent jamais dans la conjoncture qu'à titre de premiers termes ; elles peuvent être renforcées mais non renforçatrices. La réception par l'individu de la fraction originellement neutre de son environnement n'a ainsi, pourrait-on dire, d'autre utilité psychobiologique que de lui constituer un vaste réservoir au sein duquel il puisera des données ultérieurement transformables en signaux. Mais une nouveauté fondamentale apparaît au moment où ces stimulations neutres deviennent par elles-mêmes capables de se lier directement entre elles et de favoriser ainsi à l'individu une représentation « désintéressée » de l'univers. Nous avons examiné au travers de quels processus complexes cette possibilité se développe. Les données expérimentales récentes conduisent à admettre qu'elle n'apparaît nullement *ex nihilo* mais à partir d'un affaiblissement des acceptations et refus, qui les transforme en simple intérêt, générateur de vigilance ; le jeu des accoutumances et la dialectique du familier et du nouveau viennent s'y superposer mais sans supprimer la liaison fondamentale entre les motivations et les manifestations attentives dont découlent les processus cognitifs euxmêmes.

La causation des structures psychologiques par les relations propres à l'environnement prend alors un sens neuf : c'est tout un réseau intermédiaire qui se constitue par la naissance de l'activité mentale, dont la perception et la pensée seront les deux moments fondamentaux : la généralisation et la discrimination y prennent une importance accrue. La connaissance n'est plus, dès lors, incluse dans la réaction ou dans l'acte, elle s'en différencie et même s'en sépare en devenant capable d'un développement relativement autonome qui s'exprimera dans les activités imaginatives, spéculatives ou rationnelles...

« Nous sommes ainsi parvenus au seuil — mais au seuil seulement — d'un domaine où les activités psychologiques cessent d'être communes à l'homme et à l'animal et se déploient beaucoup plus longtemps. Dans les interactions qui lient l'individu et son environnement, une conversion commence alors à se dessiner ; en multipliant ses dépendances à l'égard des divers aspects du monde où il vit, mais en prenant en même temps ses distances par rapport à eux, l'homme cesse d'en être le jouet et en acquiert progressivement la maîtrise. Il lui faut, pour cela, être en situation de s'approprier le contenu entier des acquisitions réalisées socialement par son environnement. » (J.-F. LE NY, *Apprentissage et activités psychologiques*, pp. 442, 443, 444, 445.)

Conclusion

L'originalité de la pédagogie contemporaine présente trois aspects majeurs :

A | La problématique éducative née au dix-huitième a été reprise mais, en dépit des apparences, profondément transformée.

B | Des solutions nouvelles ont été présentées.

C | Un effort de rigueur scientifique a été tenté.

A / NOUVELLE PROBLÉMATIQUE

Le dix-huitième siècle, on le sait, a invité l'éducateur à choisir entre la voie de la nature et celle de la civilisation. Il ne les a pourtant pas opposées autant qu'il se l'imaginait.

Pour Rousseau, aussi bien que pour les théoriciens des Lumières, la nature engendre la civilisation. Sans doute la ligne est-elle toute droite que trace Condorcet entre une nature fruste et ses acquis, au lieu que, d'après Rousseau, la nature ne produit la civilisation que sortie d'elle-même par des causes extérieures, et dévoyée. Mais Rousseau n'en est pas moins contraint de laisser la nature à l'origine de la civilisation, sinon d'où la civilisation proviendrait-elle ?

Ce n'est pas tout. Productrice de civilisation, la nature est également, au dix-huitième, pierre de touche axiologique. Le postulat de la finalité naturelle sous-tend la pensée de

*Rousseau. Il n'est pas moins puissant chez ses adversaires :
la civilisation se trouve valorisée, aux yeux de Condorcet,
parce qu'elle répond à une exigence de la nature. Les divergences que traduisent les différentes attitudes éducatives ne
sont donc pas d'ordre axiologique. Elles portent, tout compte
fait, sur un seul point : la civilisation est-elle, ou non,
« voulue » par la nature ? Problème de fait pour qui attend
d'une connaissance positive qu'elle livre le vrai visage de la
nature. Donc problème soluble. Rien n'interdisait dès lors
à une conception de l'éducation de recueillir l'assentiment
de tous.*

*Le développement, ou l'avènement, des sciences histori-
ques, sociales, économiques a modifié et durci, dès le dix-
neuvième siècle, les traits évasifs que la notion de civilisation
présentait aux hommes du dix-huitième. Les historiens ont
reconnu combien diverses sont les civilisations, ont dénoncé
l'inanité d'un effort pour les réduire toutes, dans leurs
divergences, à l'unité de ce qui serait la civilisation, voire à
les tenir pour les phases par lesquelles la civilisation s'ins-
taurerait. Ainsi multipliées, les civilisations ont cessé de
témoigner, en droit comme en fait, pour la civilisation ; elles
sont devenues autant de cultures.*

*En décidant de tenir les faits sociaux pour des choses, la
sociologie leur a conféré une existence spécifique ; elle a
interdit à la notion de civilisation ou à celle de culture, qui
connotent des ensembles de faits sociaux, de procéder de la
« nature humaine », réalité infra-sociologique. Elle leur a
assuré, comme aux choses sociales, la netteté et la rigueur
d'un statut qui les rend indépendantes, irréductibles : structures qui ne renvoient qu'à d'autres structures, elles aussi
sociales. Enfin, le marxisme a établi qu'il n'est point de
réalité sociale qui ne présente un caractère politique.*

*Ces modifications sont d'importance et ne laissent pas
d'affecter considérablement la réflexion éducative. Les pré-
suppositions, qui allaient tellement de soi pour le dix-huitième
qu'il n'éprouvait pas le besoin de les énoncer se trouvent
rejetées. Il n'est point de civilisation unique ; donc cette
notion ne peut figurer dans les données du problème éducatif.*

La culture ne trouve pas son origine dans la nature ; donc l'éducation connaît une double et irréductible polarité. Enfin la culture — et pas davantage aucun système éducatif, puisque toute éducation, quelles qu'en soient les exigences, a des incidences sociales — ne saurait feindre un détachement à l'égard du social. Il ne suffit pas, comme le firent nombre d'éducateurs, de voir dans l'action politique un prolongement de l'éducation. L'éducation est, par nature, politique.

La notion de nature ne peut pas ne pas éprouver les contrecoups des modifications dont les phénomènes culturels se trouvent affectés. Son incapacité à engendrer la culture, l'hétérogénéité du social sous toutes ses formes aux réalités naturelles établissent entre elle et les phénomènes sociaux une discontinuité foncière. A l'heure actuelle, la nature n'est plus, chez ceux qui se donnent la peine d'en faire la théorie, que principes évasifs ; ensemble de virtualités plus ou moins inchoatives ; pulsions. Et, à la différence de la culture, elle demeure individuelle, singulière. Se dérobant à cette objectivité, à cette actualité qui sont les conditions de toute institution, la nature ne peut que trouver refuge en dehors de toute connaissance, dans un inconscient sans fond. Dans les limbes d'une existence à laquelle elle sera conduite par une détermination qui, en même temps qu'elle l'actualisera, la supprimera, elle tend à demeurer un simple préalable.

Pour peu qu'on s'informe des théories éducatives de notre siècle, on s'aperçoit qu'elles sont sollicitées par des finalités véritablement antinomiques. Point de civilisation qui puisse désormais être tenue pour fille, même dégénérée, de la nature et trouver en elle son origine. Un conflit, apparemment inexpiable, oppose maintenant nature et culture. Par leur origine, leur statut, leur vocation, elles s'affrontent.

B / ORIGINALITÉ DES RÉPONSES

Tous les systèmes éducatifs du vingtième siècle ne sont pas également originaux. Si subtils, sensés, admirables que soient les Propos sur l'éducation, *on ne peut se dispenser d'observer qu'Alain ne renouvelle pas le rationalisme classique. On n'insistera pas davantage, en dépit de leurs prétentions, sur les Ecoles dites « nouvelles ». Leur souci de trouver un guide dans la nature de l'enfant ne présente pas l'inédit dont elles se flattent. Et les doctrines dans lesquelles il s'exprime souffrent d'une grande fragilité conceptuelle[1].*

1 / Doctrines du choix

Nature et culture représentent, pour les théoriciens de l'éducation, deux orientations antinomiques. Une option peut donc paraître imposée par la logique. Donner la préférence à la nature suppose au fond que la pesanteur des institutions puisse être repoussée, que les institutions soient, par conséquent, tenues pour largement arbitraires. Attitude en quelque façon présociologique et qui, pour cette raison, n'a guère donné lieu qu'à des états d'âme. L'anarchisme date, dans la mesure où il envisage qu'une société pourrait ne pas être fixée dans une organisation politique. C'est pourquoi les attitudes éducatives vraiment originales furent celles qui orientèrent l'éducation vers un primat culturel. Elles ne pouvaient aboutir qu'à la condition de vider autant que possible la nature humaine de tout contenu : la nature est malléable à proportion de son inanité. Sans oublier tout ce qui les sépare ou les oppose, Marx et Durkheim se rejoignent dans la supposition d'une nature humaine quasi vacante. Des forces sociologiques (idéelles pour Durkheim, matérielles pour Marx) engendrent et transforment les institutions et les valeurs. L'éducation ne peut consister qu'en la soumission d'une nature aussi amorphe que possible à un déterminisme culturel.

---

1. Elles n'ont pas su reconnaître, ou ont éludé, la décision qui s'imposait à elles. Il leur fallait admettre que nulle valeur ne fût imposée à l'enfant, devenu ainsi créateur de ses valeurs propres, libre de ses actes ; ou reconnaître que l'enfant, livré à lui-même, est porté à rejoindre spontanément les valeurs culturelles admises par « la » société. En ne se prononçant pas, ces doctrines demeuraient dans l'ambiguïté ; en se prononçant, elles renonçaient à être originales pour rejoindre l'anarchisme ou rentrer au bercail.

2 / Doctrines de la conciliation

Nombre de théories éducatives, cependant, ont répugné à un choix trop exclusif. La culture ne s'impose pas seulement dans les faits. Son existence, même si elle affecte des formes différentes, résulte du jeu de déterminismes dont on ne peut méconnaître la nécessité ni le poids. Inversement, il est difficile d'amenuiser la nature jusqu'à ce qu'elle s'évanouisse sans se heurter à une ferme conviction courante ni s'inscrire en faux contre des données auxquelles la biologie, comme la psychologie, sont attachées.

— L'adaptation

La notion d'adaptation a pu fournir à nos contemporains un outil, dont leurs prédécesseurs ne disposaient pas, pour ajuster nature et culture. Elle constitue un des concepts de base de la pédagogie contemporaine.

Une analyse sommaire y découvre deux éléments. L'un se rattache à l'évolutionnisme. Un être vivant — plus précisément, en ce qui concerne notre propos, un être humain — est conduit par ce que les uns tiendront pour une impulsion endogène, les autres pour l'action du milieu, à ne pas demeurer dans ce qui serait une permanence. Il se modifie. Une autre idée va maintenant venir s'ajouter à cette représentation d'une mobilité biologique, celle d'harmonie. Les transformations évolutives vont donc vers un accord : telle est l'adaptation.

Cette notion est doublement équivoque. Sa causalité peut être rapportée à un déterminisme ou à une finalité (l'un et l'autre interne ou externe). Et son orientation hésite entre deux pôles, qui, au reste, ne s'excluent pas : la survie, le dépassement. Un être est adapté lorsqu'il a atteint un mode de vie défini et qui lui permet d'échapper aux menaces que le milieu fait peser sur lui. Mais, aussi bien, il est adapté lorsque ses rapports avec le milieu sauvegardent son aptitude au changement.

A cause de ses résonances biologiques, en raison aussi de ce qu'elle recèle de suggestions troubles, la notion d'adapta-

tion est utilisable à toutes mains et va immédiatement pouvoir offrir à une réflexion sur l'éducation un avantage capital. Elle s'applique, en effet, à la fois à un individu et à une entité sociale. Un vivant s'adapte, une société s'adapte. De telle sorte qu'on pourrait définir la nature d'un être en disant qu'elle est pouvoir de s'adapter. Mais la même caractérisation vaudrait de la culture, qui serait ainsi l'ensemble des réalités élaborées par une société dans l'effort d'adaptation qui la constitue.

De cet isomorphisme de la nature humaine et de la nature sociale, il est possible de tirer un rapprochement. Ce rapprochement est généralement conçu de deux façons différentes mais qui peuvent être conjointes.

On n'admet plus guère, aujourd'hui, avec la « loi biogénétique fondamentale », que « l'ontogenèse reproduit la phylogenèse ». Mais certains établissent entre l'évolution de l'enfant et celle de l'humanité plus qu'une analogie. Lorsque son intelligence a terminé son évolution, qu'il accède au stade des relations abstraites, l'enfant se trouve, selon M. Piaget, de plain-pied avec la pensée relationnelle scientifique. On ne pousserait pas beaucoup cet auteur, plus circonspect dès lors qu'il s'agit de réalités morales ou politiques, en disant que, selon lui, l'évolution morale de l'enfant le mène aux grandes valeurs de notre civilisation qui ont nom démocratie ou contrat. Ainsi se trouve réalisée une adaptation spontanée, peut-être entre les âges de l'enfant et ceux de l'humanité, à coup sûr, en tout cas, entre les valeurs actuelles et celles auxquelles la nature de l'enfant le conduit au terme de son évolution.

D'autres auteurs qui, comme M. Piaget, recourent à l'adaptation, ne conçoivent pas de même façon les modalités du rapprochement qu'elle établit entre la nature et la culture. Dewey et, après lui, la plupart des auteurs américains : ethnologues, psychologues, moralistes, néo-freudiens, pensent que l'effort pour s'adapter à son milieu ne définit pas seulement la nature de l'individu. Toutes les valeurs trouvent en lui leur origine et leurs manifestations, lorsqu'il apparaît comme l'effort d'un être humain pour s'ajuster à *la société dans laquelle il vit. Si l'on songe que la société elle-même s'adapte, l'adaptation individuelle portera sur une adaptation qui lui est antérieure et, l'ayant rejointe, tentera de la prolonger : telle est l'éducation.*

Dans l'un et l'autre cas nature et culture cessent donc de s'opposer. La culture individuelle est la promotion d'une nature poussée par son être à s'adapter à la diversité des milieux auxquels elle est confrontée. Ainsi rejoint-elle la culture sociale, soit parce qu'elle est contrainte par des déterminismes du dedans et du dehors de parcourir les étapes qui en jalonnent le développement, soit parce que la nature individuelle est forcée de s'adapter à cette culture que le legs des morts et la contrainte des vivants lui imposent. En fournissant les moyens d'ajuster nature et culture, l'idée d'adaptation procure aussi à l'éducateur ceux d'éviter un choix difficile. Bien mieux : entre ces deux limites un peu théoriques que constituent les notions de nature et de culture l'éducation apparaît seule liée aux démarches concrètes qui s'imposent à l'humanité. On n'en attend pas l'heureux dénouement d'un désarroi conceptuel : elle se confond avec la vie.

— Les attitudes psychanalytiques

La psychanalyse donne l'impression de ne guère accorder à l'éducation. Procédé d'investigation de processus mentaux, ou méthode fondée sur cette investigation et s'efforçant à la guérison de troubles névrotiques, elle ne méconnaît évidemment pas que l'origine de la névrose est dans l'opposition entre le désir et la défense. Mais elle se contente de dénoncer la réalité de cette opposition sans en scruter l'origine et, quand elle fait appel à l'éducation, elle n'en précise guère les finalités, ni même la définition.

Cette représentation de la psychanalyse, même si elle continue à recevoir bon accueil de nombreuses analystes qui se veulent uniquement médecins et se soucient d'éviter toute considération parascientifique, tient de Freud des compléments essentiels. La topique freudienne permet déjà à la psychanalyse d'accuser son originalité à l'égard de l'idée de nature. La « nature » a fait l'objet d'une élucidation qui

*conduit à dissocier puis mettre en relations éléments et ins-
tances différents que l'on confond habituellement sous ce
mot. Mais Freud va ensuite décrire l'origine de la civilisation
et renouveler, à son tour, la « culture ».* La civilisation
procède du principe de réalité. *Malaise dans la civilisation
décrit sa genèse et explique de façon quasi historique cette
opposition du désir et des valeurs sociales que la psychanalyse
tenait jusqu'alors pour un fait.*

    *Dès lors la psychanalyse est capable de prendre une
mesure tout à fait neuve des rapports de la « culture » et de
la « nature ». La civilisation ne dérive pas de « la nature »
comme le voulaient les penseurs du siècle des Lumières. Mais
elle n'en est pas pour autant indépendante. Elle procède du
principe de réalité. En un sens elle est donc produite par
« la nature ». Mais « la nature » est double et l'opposition
de la « culture » et de la « nature » ne fait qu'exprimer la
dualité humaine. La civilisation, avec ses valeurs sociales
objectives, éminemment politiques, et ses contraintes, exprime
la « nature humaine » au même titre que les désirs qui lui
sont antagonistes et ne quittent pas les domaines de la subjec-
tivité et des fantasmes. Le Moi éprouve vivement cette ten-
sion, sollicité qu'il est par les pulsions de l'inconscient et les
obligations que lui impose le Surmoi.*

    *La psychanalyse, dès lors, n'échappe pas à ce problème :
comment empêcher principe de plaisir et principe de réalité
de se heurter, avec toutes les conséquences pathologiques que
peut entraîner leur choc ? Ou, ce qui revient au même,
comment accorder l'enfant, ou l'homme, avec lui-même ?
Cette question ne fait que transposer une interrogation
qu'aucune éducation contemporaine n'évite : quels rapports
établir entre la nature et la culture ?*

    *Il n'est pas sûr que Freud lui ait apporté une réponse
nette. Mais elle s'est imposée à ses disciples, plus ou moins
fidèles. Reich a réduit le principe de réalité au principe de
plaisir, lui-même identifié à la sexualité. Marcuse a pensé
que à la période de l'histoire où l'homme se trouve aujourd'hui
rendu, les deux principes ne peuvent diverger qu'à la faveur
d'une fausse interprétation de l'un et de l'autre. Fromm*

et les néofreudiens ont mis le plaisir dans l'adaptation, c'est-à-dire ramené le principe de plaisir au principe de réalité.

Les finalités éducatives ne diffèrent pas de celles que se propose la psychanalyse : harmoniser les deux principes directeurs du psychisme humain. Mais alors que la psychanalyse restaure un équilibre individuel perturbé dans la névrose, on pourrait dire que le rôle de l'éducation est davantage préventif ; et tandis que la psychanalyse est un acte médical sans prolongements collectifs, l'éducation est une prise de position politique, éventuellement une démarche révolutionnaire.

3 / Doctrines du dépassement

Le dédoublement des principes qui, selon la psychanalyse, régissent l'être de l'homme lui donne le moyen d'expliquer l'apparition de la culture et lui fournit les valeurs destinées à régler les rapports de cette culture avec la nature. L'originalité de Rogers est tout autre. Et elle est grande, encore que ce psychothérapeute soit, semble-t-il, peu tenté par les analyses philosophiques ou conceptuelles.

En premier lieu il refuse de prêter un caractère foncier à l'opposition de la nature et de la culture. Les conflits de l'individu avec son entourage ne sont évidemment pas contestés par qui a journellement à les apaiser. Mais ils n'opposent pas, selon lui, un homme et une société authentiques. Lorsqu'ils se heurtent, ni l'homme ni la société ne sont vraiment eux-mêmes. Rogers ne connaît d'homme que celui qui échappe aux habitudes, aux apparences et n'est saisissable qu'au niveau de son existence véritable. Quant à la société, elle ne se confond pas avec des institutions qui la fixent dans des exigences qui ne lui sont pas vraiment fondamentales. Le recours à l'authentique supprime donc les conditions à la faveur desquelles naît un conflit dont on n'affirme la permanence que parce qu'on ignore qu'il ne met pas face à face des êtres saisis dans leur vérité. Bien mieux : l'authenticité

*de l'individu, celle de la société vont de pair. Elles se condi-
tionnent l'une l'autre.*

*Une fois dégagées des influences qui les déforment, la
nature et la culture, ou plutôt l'homme et le social, apparaissent régis, séparément et dans leurs rapports, par une
finalité. Ainsi l'homme est bien dans sa peau, qui vit selon
l'authenticité. Un accord spontané s'établit entre les êtres
lorsqu'ils voisinent et interfèrent spontanément dans le
groupe, c'est-à-dire, pour Rogers, dans la société authentique.
La théorie des valeurs exprime la même religieuse confiance
dans la finalité du monde.*

*Mais la recherche de l'authenticité, la poursuite de la
finalité ne suffisent pas à définir une pensée qui exerce une
influence profonde sur des hommes qui se placent, à certains
égards, aux antipodes de Rogers. L'idée d'une nature norma-
tive s'ajoute à elles et leur confère comme une estampille
— voire une garantie — scientifique. De cette* normativité,
*l'organisme propose mieux qu'un exemple : une base. Rogers
se place dans une ligne de pensée née d'une réflexion médicale
sur la santé autant que d'une théorie de l'évaluation : la
nature trouve spontanément ses propres normes[1]. La normativité biologique est étendue par lui au psychisme humain, à
la vie du groupe. C'est peut-être cette notion de normativité
que les disciples de Rogers, quelle que soit leur fidélité à leur
maître, retiendront le plus volontiers. Appliquée au training-
groupe, puis au groupe scolaire, elle engendrera la non-
directivité qui n'est donc qu'une conséquence de la doctrine
mais ne suffit pas, tant s'en faut, à la définir. Si on la
considère d'un point de vue politique, elle conduira aux
théories de l'autogestion qui, quelle que soit par ailleurs leur
inspiration, marxiste le plus souvent, ne font qu'accorder
aux seuls groupes la capacité de gérer leurs propres affaires
et celles de leurs membres.*

---

1. Le « roman éducatif » *(Bildungsroman)* (et, au premier chef, les
Années d'apprentissage de Wilhelm Meister, de GŒTHE) montre
qu'un être humain possède et peut découvrir ses normes propres.

C / ÉDUCATION ET SCIENCE

Le souci d'échapper aux errements et à l'empirisme en adoptant dans le domaine de l'éducation une attitude scientifique ne date pas de notre époque. Il constitue pourtant un trait majeur de la réflexion contemporaine. Des « sciences de l'éducation » sont apparues, qui, regroupées, donnent naissance à une entité universitaire. Quel statut épistémologique faut-il leur reconnaître[1] ?

En parlant de sciences de l'éducation, on suggère à la fois l'unité d'un objet : l'éducation, et la multiplicité de ses approches scientifiques. Il n'y a rien, dans cette caractérisation, qui, dans l'abstrait, les oppose aux autres sciences, voire même les en différencie profondément. Et pourtant les sciences de l'éducation présentent deux traits qui sont de nature à mettre en cause leur autonomie et leur scientificité.

Lorsqu'un psychologue traite de l'éducation, c'est en fonction de sa formation de psychologue et de données psychologiques acquises au préalable. Il apporte avec lui ses principes explicatifs. Et l'on ne voit pas pourquoi il cesserait d'être psychologue dès lors qu'il revendique pour ses études de psychologue le domaine éducatif. Cependant, comme ses travaux concernent l'éducation, les sciences de l'éducation vont le naturaliser. Elles naturaliseront de même façon sociologues, historiens, biologistes pour peu qu'ils aient été conduits à s'intéresser à l'éducation. Ce faisant, elles n'utiliseront pas seulement, comme il est légitime, l'aide de sciences voisines ; elles se créeront un domaine à leurs dépens. Invoqueront-elles le précédent qu'offrent les autres sciences, toutes nées d'un rassemblement opéré autour d'une notion dont l'importance et l'autonomie ont soudain fait éclater la distribution antérieure des sciences ? Ce serait négliger que, en la circonstance, psychologie, sociologie, politique, économie se conjuguent moins qu'elles ne s'additionnent et s'addition-

---

1. Pour discuter honnêtement de cette question, on oubliera que, dans le contexte actuel, elles accueillent avec la plus grande générosité l'anecdotique et le circonstanciel.

nent moins qu'elles ne se heurtent. L'impression ne peut pas ne pas se créer d'une rivalité à l'intérieur de la discipline nouvelle. Les rapports entre les sciences qu'elle rassemble ne sont pas tant de complémentarité que d'hostilité. Leur seule unité est celle d'une désignation commune.

Mais les sciences de l'éducation ne sont tout de même pas constituées que de morceaux rapportés. Elles englobent des recherches qui leur sont propres et qu'on pourrait dire d'ordre technique. Pour répondre aux désirs des usagers elles s'emploient, on le sait, à découvrir, à diversifier[1] des méthodes. Il pourrait donc sembler que ce souci d'élaborer des méthodes permette aux sciences de l'éducation de se sentir vraiment chez elles et de faire œuvre scientifique originale. On les comparerait alors valablement à la médecine. Comme la médecine utilise des connaissances physiques, chimiques ou nosologiques à des intentions thérapeutiques ou préventives, les sciences de l'éducation se proposeraient d'appliquer au domaine de l'éducation, qui est le leur, des savoirs de toute sorte.

Cependant les conditions ne sont pas les mêmes dans les deux cas. Les sciences de l'éducation ont beaucoup plus de peine que la médecine à se démarquer de leurs « rebouteux ». La grande majorité — la totalité peut-être — des méthodes pédagogiques est née des expériences, ou de l'expérience, d'enseignants qui se souciaient bien peu de faire œuvre scientifique : il leur suffisait de servir la pédagogie. En outre, même si les médecins s'entendent difficilement sur les notions de santé ou de normalité, une définition précise de ces termes n'est pas pour eux d'une urgence telle que, à défaut d'en disposer, il leur faille renoncer à soigner. Ils ne définiraient peut-être pas la santé ; mais ils guérissent. Les théoriciens des sciences de l'éducation ne bénéficient pas d'un tel privilège. Pas de méthode éducative qui ne présuppose et n'implique une finalité éducative déterminée. Le concept d'éduca-

---

1. De cette diversification il n'a pu être tenu compte ci-dessus. Mais il est facile de voir qu'on ne s'adresse pas de même façon à des enfants d'âge différent, à des adolescents, à des vieillards, à des handicapés moteurs ou psychiques...

tion n'a pas la positivité, même indécise, de celui de santé. Il faut, pour employer la méthode de Dewey, se faire de l'homme, de l'adaptation les mêmes idées que lui. La croyance en un growth, *à une certaine représentation des valeurs, conditionne l'application des principes de non-directivité. Toutes les méthodes pédagogiques se réfèrent finalement à une représentation de l'homme, de la société, de la civilisation, à des vues politiques. Elles sont suspendues à des jugements de valeur : pourquoi donner à l'enfant pleine liberté ou le soumettre à telle ou telle astreinte sinon parce qu'on souhaite pour lui une destinée que l'on juge bonne ? Et si les freudiens vont rechercher l'éducation dans des directions contradictoires c'est que leurs principes, tant qu'ils ne s'accompagnent pas de théories qui les débordent, n'engendrent, livrés à eux-mêmes, nulle conception de l'éducation, ni de ses méthodes. Ils ne permettent pas de décider si l'éducateur doit adapter l'enfant aux exigences sociales ou demander à l'insurrection de le libérer des tensions que la civilisation provoque.*

Rien n'empêche de lire dans l'état présent des sciences de l'éducation la pluridisciplinarité ni, avec nombre de leurs sectateurs, de se féliciter qu'un mot nouveau soit venu à point transformer la polyphonie éducative en symphonie. La notion de pluridisciplinarité donne à entendre étymologiquement que plusieurs disciplines sont présentes à la fois. Dans la pratique elle permet de mettre l'accent sur leurs concours. Elle se manifeste dans l'aide mutuelle que différentes branches de connaissance, différents types d'activité s'apporteront en s'empruntant leurs méthodes et leurs résultats ou en s'attelant à un travail commun. Mais la pluridisciplinarité ne rassemble pas que des disciplines à caractère scientifique. Elle ne constitue pas, en sciences de l'éducation plus qu'ailleurs, un gage de scientificité.

L'expression « Sciences de l'Education » est ambiguë. Dans un premier sens, elles sont considérées comme un domaine, *consacré par des universités qui ne sont pas seulement françaises. Une autre acception fait d'elles des* sciences *qui portent sur l'éducation. Cette ambiguïté entretient une confusion permanente. Confondant les deux significations, on en vient tout naturellement à tenir les « Sciences de l'Education » entendues comme la totalité des disciplines qui défrichent le champ éducatif (sens n° 1), pour des sciences de l'éducation (sens n° 2). On lèvera l'équivoque en disant que le domaine des sciences de l'éducation connaît une situation paradoxale : les seules sciences qu'il contienne sont exogènes ; les spéculations qui mettent en cause fins et même méthodes éducatives ne sont pas scientifiques.*

On ne peut donc être que réservé à l'égard de l'unité, de l'autonomie et du caractère scientifique de l'ensemble des considérations qu'embrassent les traités de sciences éducatives. A moins que, soucieux de réserver l'avenir ; tenant compte aussi de la dévaluation actuelle de la notion de science ; animé de surcroît d'un laxisme bienveillant qui n'ignore pas combien dégradante est aujourd'hui une recherche que l'épithète de scientifique ne vient pas couronner ; et enfin désireux de se conformer à un usage, que les « sciences de l'éducation » elles-mêmes n'ont pas peu contribué à établir à leur profit, on ne préfère penser qu'elles ont une façon à elles d'être des sciences.

D / A QUOI BON ?

La réflexion, qu'elle porte sur les fins ou les méthodes éducatives, a pour but l'action. Dans quelle mesure ces fins, ces méthodes communiquent-elles à la pratique éducative (mieux vaudrait, pour éviter d'introduire une distinction entre théorie et pratique, parler d' « éducation de fait ») leur inspiration ?

« Méthodes nouvelles », « méthode Freinet », « activités de groupe » : les méthodes imaginées par les pédagogues ont progressivement pénétré l'enseignement. Une initiation à la pédagogie[1] est, aujourd'hui, tenue pour indispensable à la

---

1. Nous employons le mot « pédagogie » pour signifier tout ce qui concerne l'élaboration et la pratique de la didactique, de l'apprentis-

« *formation des maîtres* ». *Il apparaît donc que des méthodes qui doivent, certes, à l'expérience de l'éducation, aux données des sciences humaines, mais sont inspirées, aussi et surtout, par des finalités plus abstraites, sont venues fertiliser l'enseignement.*

Cependant il n'est pas sûr que cette impression doive être acceptée sans restriction. Toute méthode éducative subit, en passant dans la pratique, et, à plus forte raison, dans la pratique institutionnelle, comme une érosion. On se souvient que la pensée de Rousseau a perdu rapidement toute sa profondeur pour se réduire à l'affirmation qu'il importe de connaître l'enfant pour parvenir à le capter dans le filet pédagogique. De même on ne trouve pas dans l'emploi de la « méthode Freinet », que son aspect technique rend pourtant moins inféodée que d'autres à une impulsion idéologique, cette sève qu'elle tient d'une volonté de réaliser « l'école du peuple ». Et la dynamique de groupe s'affadit dans ses applications. Une méthode est, au plein sens du mot, agencement de moyens en vue d'atteindre une finalité complexe : ainsi en est-il de la méthode expérimentale ou de celle de Descartes. Elle tend, ici, à se dégrader, à s'infléchir, à fléchir, à se réduire à l'emploi de petits moyens en vue de fins, importantes sans doute, mais subalternes. La méthode se transforme en procédé. Non qu'il faille, ou qu'on puisse, distinguer à la rigueur entre la méthode et le procédé. Ils ne diffèrent guère que par l'envergure et la complexité des moyens mis en œuvre. Ils sont deux aspects pris sur une activité humaine qui, dans les deux cas, s'efforce d'atteindre des buts. Et même il n'est pas de méthode qui n'use de procédés ; point de procédés dans lesquels on ne reconnaisse, pour peu qu'on le veuille, un peu de la généralité d'une méthode. Il reste toutefois que le procédé présente, à l'encontre de la méthode, un aspect parcellaire. Pédagogique, il n'est pas, comme la méthode, ouvert sur un horizon de fins lointaines et tout illuminé par

sage, et notamment des méthodes. Nous la distinguons d'une « théorie de l'éducation », relative, elle, aux fins de l'éducation et à ses structures.

elles. *L'insertion des « méthodes » pédagogiques dans la pratique courante signifie donc gauchissements et restrictions de ces méthodes. Les thèmes symphoniques ont été repris par la chansonnette.*

C'est que les méthodes sont trop étroitement liées aux grandes doctrines éducatives. Et celles-ci effrayent. Elles sont bien abstraites. On leur reproche d'être l'œuvre d'hommes éloignés de la réalité, de conduire à des aventures. Et l'on conçoit très bien que ceux qui ont la haute main sur l'éducation soient peu tentés par des sommets aussi vertigineux et préfèrent voir en elle — chaque jour amenant sa tâche — un ensemble de problèmes que suscite la conjoncture et qu'on ne saurait trop anticiper sans risques. Pourquoi manier des explosifs dont la déflagration n'affecterait pas les seuls problèmes éducatifs ? Et pourquoi vouloir trancher, s'agissant de questions qui donnent lieu à désaccord et à conflit ?

Et pourtant réflexions éducatives et politiques ne se disjoignent pas, elles se recoupent, ou plutôt constituent des points de vue particuliers sur un ensemble d'attitudes philosophiques dont elles se nourrissent. L'éducateur regarde par-dessus les têtes des enfants ; il anticipe les hommes, suscite leur devenir. On ne peut donc faire fi des interrogations philosophiques sans accepter que ne se conservent des structures vieillies et se refuser aux appels de la justice et de l'avenir.

Depuis la représentation platonicienne d'une paideia *vouée, comme toute chose ici-bas, à l'imitation du Bien, la pensée éducative n'a cessé d'en appeler à la réflexion philosophique. Et l'on s'illusionnerait en s'imaginant que la volonté d'indépendance, qui anime aujourd'hui certains éducateurs, puisse faire mieux que dissimuler un lien qui persiste quoi qu'ils en aient. Même cette humilité, qu'elle affiche fièrement, ne saurait en libérer une « pédagogie au ras du sol »*[1]. *Qu'elle accepte de se placer dans le cadre et les conditions de l'éducation courante, le moyen de ne pas accepter aussi sa « philo-*

---

1. Jean VIAL, *La pédagogie au ras du sol*, Paris, Ed. E.S.F., 1973.

sophie » ? Et si elle s'y refuse, les thèmes, les conceptions qui seront siens porteront la marque de l'ensemble phi-losophique, politique, pédagogique qui leur donne sens et valeur.

Le souci de situer l'éducation par rapport aux notions de nature et de culture ; celui, non moins vif, de faire œuvre scientifique : ces deux traits, qui caractérisent, on l'a vu, la pensée éducative contemporaine, ne s'excluent que pour des esprits sectaires et étroits. Il appartient à la réflexion philo-sophique de s'attacher à une théorie de l'éducation. Mais les sciences humaines sont conviées à prendre, dans le grand pro-jet éducatif, la part qui leur revient.

COMPLÉMENT

3 / *Snyders.*

— *Pédagogie progressiste : transposition des idées de Lénine à « la pédagogie proprement scolaire »* (Pédagogie progressiste, p. 146).

[transposition indispensable car] « autant il est nécessaire de comprendre que l'école n'est jamais indépendante de la politique, autant il est nécessaire d'affirmer que sa visée ne saurait être essentiellement politique. Par là elle se différencie radicalement, elle se sépare, et sur un mode absolument net, de ce que nous avons cru pouvoir appeler, dans la formation que le Parti assure à la classe ouvrière, la pédagogie léniniste. » (*Id.* p. 161).

— *Ce qu'implique cette transposition.*

« Enseigner des auteurs de gauche et comprendre, à partir de Lénine[1], comment des relations éducatives spécifiques sont impliquées dans ces contenus nouveaux, découlent de ces contenus et ne peuvent pleinement se former qu'à partir de ces contenus. » *(Ibid.)*

*
* *

4 / *L'autogestion dépassée ; le mouvement psychosociologique (Lapassade, Lourau).*

— *Une véritable non-directivité exige une analyse institutionnelle (socianalyse).*

« La non-directivité est inséparable de l'analyse des contradictions et des conflits, des appartenances

I. Cinq « thèmes » léninistes sont retenus : les trois premiers concernent le rôle du maître ; le quatrième énonce « l'unité de la théorie et de la pratique » ; la « liberté » est le cinquième (« il y a quelques données fondamentales sur lesquelles le maître ne transige pas ; ce sont elles qui serviront d'armature à l'action libre des élèves ») (*Id.* p. 178).

et des références instituées dans la société à un moment donné... Cette analyse devra découvrir, dans tout ce qu'actualise l'ici et maintenant, les structures réelles (et non fantasmatiques) de notre action, structures qui sont toujours déjà là avant et ailleurs (c'est à dire *instituées*) mais aussi dans le possible (c'est à dire *instituantes*). (Lourau, *L'illusion pédagogique*, p. 72)

– *Conséquences pédagogiques de la socianalyse.*

«... une pédagogie dont la visée essentielle est de reconnaître le poids de l'institution, de toutes les formes de la société globale, dans les processus pédagogiques, et de permettre une familiarisation pratique, dont on espère, et je crois à juste titre, qu'elle deviendra opératoire quant à la *compréhension* et à la *contre-manipulation* des instances saisissables du jeu complexe des facteurs institutionnels. » (Ardoino, *Education et politique*, p. 220).

*
* *

5 / *Des techniques de Freinet à la pédagogie institutionnelle*[1].

I / *L'école traditionnelle : ses tares.*

a / L'enfant perturbé.

« ... l'école traditionnelle faite d'individus : chacun silencieux et isolé, figé, seul en face d'un

I. L'expression de pédagogie institutionnelle est des plus ambiguës.
Vasquez et Oury l'emploient pour résumer leurs vues. Ils soulignent ainsi que leur pédagogie fait appel au groupe, qu'ils tiennent pour une institution.
La même expression est encore employée (cf *supra* p. 93) pour désigner une entreprise qui préconise l'autogestion et la considère comme une institution.
Jusque là il n'existe pas d'incompatibilité ni d'opposition entre ces deux attitudes. Il s'agit dans les deux cas

maître perfuseur de paroles non contestables... Pas
de temps pour parler, flâner, se promener à plusieurs,
discuter avec les maîtres... » (F. Dolto, Préface à
Vasquez et Oury, *Vers une pédagogie institutionnelle*,
p. 15).

*b / Caractère pernicieux des rapports « duels » du maître
et de l'élève .*

— [« le maître exige l'obéissance d'office »
(Furstenau, *Contribution à la psychanalyse...* p. 57)]
Explication : « l'action exercée par le maître est celle
qu'ont exercée sur lui ses propres parents... L'éducateur se trouve ainsi placé devant deux enfants.
L'enfant qu'il doit éduquer, face à lui, et l'enfant
refoulé, en lui. Il ne peut faire autrement que de
traiter le premier comme il a vécu le second » (*Id.*
p. 58-9).

— [le maître pris comme idéal]« La dépendance
dans laquelle se trouvent les élèves à l'égard du maître... a pour effet ... qu'ils prennent le maître pour
idéal » (*Id.* p. 65).

d'institutions limitées à la classe, d'« institutions internes »
(Lapassade *in Education et technique* n° 16, 1964).
Mais lorsque Lapassade et Lourau s'avisent que des
facteurs économiques et politiques conditionnent l'enseignement et la pédagogie, voient en ces facteurs de véritables
institutions (« externes », celles-ci), à l'égard desquelles il
conviendra de réagir, la notion de pédagogie institutionnelle
prend un sens tout à fait nouveau.
Nous n'avons pas voulu décider d'une priorité, ni nous
prononcer sur le fond. Nous constatons seulement que la
tendance de Lapassade et Lourau a pris· l'habitude de s'inti-
tuler « psycho-sociologie » ; celle de Vasquez et d'Oury
ne se nomme jamais autrement que « pédagogie institutionnelle ».

2 / *L'école coopérative de Freinet : ses problèmes.*

[En raison des situations nouvelles dans lesquelles maîtres et enfants se trouvent engagés, des engagements personnels qu'ils sont amenés à prendre, des conflits se produisent] « Ceux-ci, non résolus, interdisent à la fois l'activité commune et le développement affectif et intellectuel des participants. » (Vasquez et Oury, *De la classe coopérative...*, t. 2, 1971, p. 690).

3 / *Pédagogie institutionnelle. (1)*

a / *Idée générale.*

[Des difficultés précédentes résulte] la « nécessité d'utiliser, outre des outils matériels et des techniques pédagogiques, des outils conceptuels et des institutions sociales internes capables de résoudre ces conflits par la facilitation permanente des échanges matériels, affectifs et verbaux à des niveaux conscients et inconscients » *(ibid.)*

b / *Formes d'institutions.*

– *Les groupes.*

— « groupe de niveau » : « nous déterminons six niveaux dans chacune des quatre matières : lecture, écriture, orthographe, problème. A chaque niveau est attribué une couleur... Chaque élève sait ainsi où il en est puisqu'il connaît ses couleurs inscrites sur un tableau, et l'anxiété liée au sentiment d'une infériorité globale irréversible... se trouve largement atténuée : on n'est plus un « retardé », mais un « retardé en ». (*Vers une pédagogie institutionnelle*, p. 78).

1. On notera que cette attitude s'est ouverte à la plupart des pédagogies actuelles. Ses auteurs se plaisent d'ailleurs à le reconnaître *(Vers une pédagogie institutionnelle*, p. 191-248).

— « équipe d'atelier » : « c'est l'activité collective permanente dans un but commun. » *(Id.)* « Une organisation précise, analogue à celle d'une usine où l'on ne choisit pas obligatoirement ses compagnons de travail est apparue non seulement nécessaire mais souhaitable d'un point de vue éducatif : la classe doit préparer à un monde réel où l'on ne choisit pas toujours. » *(Id.* p. 79)

— « équipes de travail occasionnelles » : « Les groupes se forment à propos d'un travail précis, bien défini » *(Id.)*

— *Le conseil de coopérative.*

— « instrument d'analyse et de décision collectives », *id.,* p. 87.
« les participants abandonnent leur rôle, leur statut habituel et, par là même, un certain nombre de défenses pour parler ensemble à propos d'actuel, de vécu, voire de traumatisant. Les communications s'établissent sur un plan de relations sociales et mettent en place, les unes par rapport aux autres, les significations des choses, des rôles, des personnes et des événements. » *(Id.* p. 82-3)

4 / *Conséquences : nombreux rapports des élèves et du maître ; des élèves entre eux ; une pédagogie thérapeutique.*

a / « Structure tertiaire de la relation » pédagogique *(De la classe coopérative...* p. 682). [elle met en rapport les élèves et le maître par l'intermédiaire d'institutions.]

« C'est peut-être là la caractéristique de la pédagogie institutionnelle : tendre à remplacer l'action permanente et l'intervention du maître par un système d'activités, de médiations diverses, d'institutions, qui

assure d'une façon continue l'obligation et la réciprocité des échanges dans et hors du groupe. » (*Vers
une pédagogie institutionnelle*, p. 248).

b / « Interrelations et phénomènes de groupe sur-
déterminent comportement et évolutions. Connus
et maîtrisés (si possible par le groupe lui-même),
ils deviennent agents d'éducation. » (*De la classe
coopérative...*, p. 689).

c / Une pédagogie thérapeutique.

« le travail et la vie sociale n'apparaissent plus
comme des buts mais aussi comme des moyens qui,
bien souvent, se révèlent d'efficaces agents de pro-
phylaxie et de thérapeutique » (*Vers une pédagogie
institutionnelle*, p. 245) [mentales[1].]

---

1. Nombreux exemples *in Vers une pédagogie institutionnelle*, p. 109 à 170.

Ouvrages cités en référence

ALAIN, *Propos sur l'éducation*, P.U.F., 1ʳᵉ éd., 1932 ; 15ᵉ éd., 1972.

ARIÈS Ph., Problèmes de l'éducation, in *La France et les Français*, ouvrage collectif, Gallimard, 1972, coll. « La Pléiade ».

BAUDELOT et ESTABLET, *L'école capitaliste en France*, Maspero, 1973.

BOURDIEU et PASSERON, *La reproduction*, Ed. de Minuit, 1970.

CLAPARÈDE, *L'éducation fonctionnelle*, Delachaux & Niestlé, 1921 ; 6ᵉ éd., 1968.

DE MOOR F., *L'école active par la méthode Decroly*, Bruxelles, Lamertin, 1930.

DEWEY J., *L'école et l'enfant*, London, 1906 ; trad. fr. par PIDOUX, Delachaux & Niestlé, 8ᵉ éd., 1970.

DEWEY J., *Expérience et éducation*, New York, 1938 ; trad. fr. par CARROI, A. Colin, 1968.

DEWEY J. et E., *Les écoles de demain* ; trad. fr. par DUTHIL, Flammarion, 1931.

DURKHEIM E., *Education et sociologie* (articles de 1902, 1903, 1911), P.U.F., 1ʳᵉ éd., 1922 ; 2ᵉ éd., 1973.

FREINET E., *Naissance d'une pédagogie populaire*, Maspero, 1972.

FREINET C., *Pour l'école du peuple*, Maspero, 1969.

FREUD S., *L'avenir d'une illusion (Die Zukunft einer Illusion*, Londres, 1948), trad. fr. par M. BONAPARTE, P.U.F., 1932 ; 3ᵉ éd., 1973.

FREUD S., *Essais de psychanalyse*, trad. fr. par S. JANKÉLÉVITCH, Payot, 1929.

FREUD S., *Malaise dans la civilisation (Das Unbehagen in der Kultur*, Wien, 1929), trad. fr. par Ch. et J. ODIER, P.U.F., 1971.

FREUD S., *Ma vie et la psychanalyse (Selfst-darstellung*, 1925), trad. fr. par M. BONAPARTE, Gallimard, 1950 ; coll. « Idées », 1972.

FREUD S., *Nouvelles conférences sur la psychanalyse (Neue Folge der Vorlesungen zur Einführung in die Psychoanalyse*, 1932), trad. fr. par A. BERMAN, Gallimard, 1936 ; coll. « Idées », 1971.

FROMM E., *La caractérologie psychanalytique et sa signification pour la psychologie sociale*, 1932, trad. in *La crise de la psychanalyse*, Denoël, 1973, coll. « Médiation ».

FROMM E., *L'homme pour lui-même (Man for himself,* 1947), trad. fr. par J. CLAUDE, Ed. Sociales Françaises.

FROMM E., Psychoanalytic characterology and its application to the understanding of culture, in *Culture and Personality*, published by the Wenner-gren Foundation for the Anthropological Research Viking Fund, 1949 ; extrait trad. par J. ULMANN.

GRAMSCI, *Gli intellectuali e l'organizzazione della cultura* ; trad. in *Gramsci dans le texte*, Ed. Sociales, 1975.

GRAMSCI, *Œuvres complètes*, Einaudi, t. 3, 1955, extrait traduit par J. ULMANN.

KERSCHENSTEINER, *Grundfragen der Schulorganisation*, Stuttgart, Teubner, 7ᵉ éd., 1954 ; trad. *in* CAUVIN, *Le renouveau pédagogique en Allemagne de 1890 à 1933*, Colin.

KERSCHENSTEINER, *Theorie der Bildungs Organisation*, Teubner, Leipzig et Berlin, 1933 ; extrait trad. par J. ULMANN.

LÉNINE V. I., Les tâches des Unions de la Jeunesse (Discours prononcé au IIIᵉ Congrès de l'Union de la Jeunesse communiste de Russie le 2 octobre 1920), *in* LÉNINE, *Textes sur la Jeunesse*, Ed. de Moscou.

LÉNINE V. I., Notes critiques sur la question nationale, 1913, *in* LÉNINE, *Culture et révolution culturelle*, Ed. de Moscou, 1969.

LE NY J.-F., *Apprentissage et activités psychologiques*, P.U.F., 1967.

LE THANH KOI, *Analyse économique de l'enseignement considéré comme une industrie*, Ed. de Minuit, 1967.

LOBROT, *La pédagogie institutionnelle*, Gauthier-Villars, 1966 ; 3ᵉ éd., 1972.

MAKARENKO, *Poème pédagogique*, 1933 ; trad. fr., Moscou, Ed. du Progrès, 1953.

MAKARENKO, *Problèmes de l'éducation scolaire soviétique*, Moscou, Ed. du Progrès, 1938.

MAKARENKO, *Une expérience de travail 1931*, extraits traduits *in* I. LÉZINE, *Makarenko, l'éducation dans les collectivités d'enfants*, Ed. du Scarabée, 1956.

MARCUSE H., *Eros et Civilisation*, 1ʳᵉ éd., Boston, 1955 ; 7ᵉ éd. augmentée, 1962 ; trad. NÉNY et FRAENKEL, Ed. de Minuit, 1963.

MARCUSE H., *Pour une théorie critique de la Société (Ideen zu einer Kritischen Theorie der Gesellschaft*, 1969), trad. fr. par Cornelius HEIM, Denoël-Gonthier, 1971.

MARCUSE H., *Vers la libération (For essay on Liberation*, Boston, 1969) ; trad. fr. par J.-B. GRASSET, Denoël-Gonthier, 1970, coll. « Médiations ».

MARITAIN J., *Pour une philosophie de l'éducation* (1ʳᵉ éd. sous le titre *L'éducation à la croisée des chemins*, Paris, Eyloff, 1947), A. Fayard, 1959.

MARX K., *Le Capital*, liv. I, t. 2, 1867, chap. 15, trad. Joseph ROY, Ed. Sociales, 1950.

MARX K. et ENGELS F., *Manifeste du Parti Communiste*, 1848, trad. BOTTIGELLI, Aubier, 1971.

MONTESSORI M., *L'enfant*, 1935 ; trad. fr. 1936, Denoël-Gonthier, 1972, coll. « Femme ».

MONTMOLLIN (de) M., *L'enseignement programmé*, P.U.F., 4ᵉ éd., 1975, coll. « Que sais-je ? » ; nᵒ 1171.

NEILL, *Libres enfants de Summerhill. (A radical Approach to Child Rearing)*, trad. LAGUILHOMIE, Maspero, 1970.

PIAGET J., *Epistémologie des sciences de l'homme*, Gallimard, 1970.

PIAGET J., *Psychologie et pédagogie*, Denoël, 1969.

PIAGET J. et INHELDER B., *La psychologie de l'enfant*, P.U.F., 1966 ; 2ᵉ éd. 1967.

REICH W., *La révolution sexuelle (Die Sexualität in Kulturkampf,* 1ʳᵉ éd., 1930 ; 2ᵉ éd., 1936) ; trad. SINELNIKOFF, Plon, coll. « 10/18 ».

ROGERS, *Le développement de la personne (On Becoming a Person,* 1961) ; trad fr. par HERBERT, Dunod, 1966.

ROGERS, *Liberté pour apprendre (Freedom to learn,* 1969) ; trad. fr. par LE BON, Dunod, 1973.

ROGERS et KINGET, *Psychothérapie et relations humaines,* Paris, Nauwelaerts, 6ᵉ éd., 1973.

SCHMID, *Le maître camarade et la pédagogie libertaire,* 1936 ; 2ᵉ éd., Maspero, 1973.

SCHWARTZ B., *L'éducation demain*, Aubier-Montaigne, 1973.

SKINNER, *La révolution scientifique de l'enseignement (The technology of Teaching)* ; trad. RICHELLE, Dessart, 1968.

WALLON H., Sociologie et éducation, article publié in *Cahiers internationaux de Sociologie,* 1951, réédité dans numéro spécial d'*Enfance,* 5ᵉ éd., 1973.

COMPLÉMENT

ARDOINO, *Education et politique (Propos actuels sur l'éducation t. 2)*, Bordas, 1977.

FURSTENAU, *Contribution à la psychanalyse de l'école en tant qu'institution*, in Partisans, *Pédagogie : éducation ou mise en condition ?*, Maspero, 1971.

LOURAU, *L'illusion pédagogique*, Epi, 1969.

SNYDERS, *Pédagogie progressiste*, P.U.F., 1971.

VASQUEZ et OURY, *Vers une pédagogie institutionnelle*, Maspéro, 1967 (2ᵉ éd. 1974).

– *De la classe coopérative à la pédagogie institutionnelle*, Maspero, 1971.

Imprimerie de la Manutention à Mayenne – 5 novembre 1982 – Nᵒ 7967